Statistik

Übungen, Lösungen, hilfreiche Tipps

von
Erhard Schulze

Oldenbourg Verlag München

Bibliografische Information der Deutschen Nationalbibliothek

Die Deutsche Nationalbibliothek verzeichnet diese Publikation in der Deutschen Nationalbibliografie; detaillierte bibliografische Daten sind im Internet über <http://dnb.d-nb.de> abrufbar.

© 2011 Oldenbourg Wissenschaftsverlag GmbH
Rosenheimer Straße 145, D-81671 München
Telefon: (089) 45051-0
oldenbourg.de

Lektorat: Rainer Berger
Herstellung: Anna Grosser
Coverentwurf: Kochan & Partner, München
Cover-Illustration: Hyde & Hyde, München
Gedruckt auf säure- und chlorfreiem Papier
Gesamtherstellung: Grafik + Druck GmbH, München

ISBN 978-3-486-70265-1

Vorwort

Dieses Projekt lief lange Zeit unter dem Arbeitstitel „Aufgabensammlung". Es sollte also zunächst eine reine Aufgabensammlung für FH-Studenten, mit vielleicht einigen wenigen Erläuterungen werden. Wenn es dann doch mehr geworden ist, so ersetzt es nicht das Studium grundlegender Statistiklehrbücher. Aus meiner mehrjährigen Erfahrung als Lehrbeauftragter für Statistik an der Hochschule Augsburg weiß ich jedoch um die Schwierigkeiten, die viele Studenten mit allzu formalisierten Lehrbüchern haben. Deshalb soll dieses Buch als eine Art Untersetzung fungieren (etwa Langenscheidt „Statistikprofessorisch – Studentisch"), ohne dabei flach zu werden. Die Verwendung der wichtigsten Formeln ist an Hand ausführlicher (für einige vielleicht zu ausführlicher – niemand sollte sich beleidigt fühlen) Beispiele erläutert worden und vor allem gibt es nachvollziehbare Schritt-für-Schritt-Lösungen für alle Aufgaben im Anhang. Bei ernsthafter Bearbeitung des Buches sollte jeder Student in der Lage sein, alle Aufgaben – vielleicht bis auf die mit ° gekennzeichneten (erhöhter Schwierigkeitsgrad) zu lösen, und nach Bearbeitung des Buches sollte die Statistikprüfung ihren Schrecken zum großen Teil verloren haben. Wesentliche Grundlage dieses Buches ist das Lehrbuch „Statistik" von Prof. Dr. Günter Bamberg, Dr. Franz Baur und Prof. Dr. Michael Krapp (Oldenbourg-Verlag), dessen Gebrauch ich Ihnen hiermit ans Herz lege, allein schon der Themen wegen, die ich aus den verschiedensten Gründen hier nicht behandeln konnte oder wollte. Es gibt natürlich auch jede Menge anderer geeigneter Lehrbücher, im Anhang finden Sie einige Vorschläge. Schließlich möchte ich Herrn Prof. Dr. Günter Bamberg sehr herzlich danken für die wirklich sehr gründliche Durchsicht des Manuskripts und seine hilfreichen Änderungsvorschläge.

Inhalt

1 Deskriptive Statistik

1.1 Grundbegriffe, Skalierung, Klassierung

1.1.1 Grundbegriffe

Folgende Grundbegriffe muss man kennen:

Merkmalsträger: statistische Einheit, an der die Merkmale (Alter, Geschlecht, usw.) erhoben wurden.

Merkmalsausprägung: entweder quantitative Merkmale (Zahlen) oder qualitative Merkmale (Geschlecht, Farbe, Beruf,..)

Grundgesamtheit: Gesamtheit der für die statistische Untersuchung relevanten Merkmalsträger

1.1.2 Skalierung

In der Statistik werden drei Skalen unterschieden:

Nominalskala: qualitative Merkmale werden nominal skaliert, die verschiedenen Namen können und werden meist quantifiziert.
Beispiel: Merkmal: Geschlecht, männlich = 0, weiblich = 1. Es kommt lediglich auf die Unterscheidung, nicht auf den Wert der Zahlen an. Genau so gut könnte man auch 17 und 23 wählen.

Ordinalskala: Es kommt nicht nur auf die Unterscheidung sondern auch auf die Rangfolge an.
Beispiel: 1., 2., 3. beim Pferderennen, ohne die konkreten Zeitabstände. (Auch hier könnte man theoretisch andere Zahlen zuordnen.)

Kardinalskala: Nicht nur die Rangordnung, sondern auch die Abstände zwischen den einzelnen Rängen sind wichtig.
Beispiel: Die jeweils erreichten Punkte bei einer Klausur.

Aufgaben:

1)   Welche Skalierung liegt den folgenden Merkmalen zu Grunde?

     a)   Produktionsdauer
     b)   Schulnote
     c)   Schwierigkeitsgrad einer Skipiste
     d)   Gewicht von Schultaschen
     e)   Zugehörigkeit zu einer bestimmten Konfession

2)   Für 6 Romane wurde vom deutschen Buchhandel folgende Tabelle erstellt:

Roman	1	2	3	4	5	6
Sparte	Liebe	Krimi	Abenteuer	Biografie	Erotik	Historie
Verkaufserfolg	3	2	1	4	5	6
Preis	17,80	12,95	23,90	29,90	7.95	13,80

    a) Was sind in diesem Beispiel die Begriffe
       –   Merkmalsträger:
       –   Merkmal:
    b) Welches Skalenniveau haben die drei Merkmale?

1.1.3   Klassierung

Zunächst einmal ist zwischen diskreten und stetigen Merkmalen zu unterscheiden:

Diskrete Merkmale:

Salopp gesagt, alles, was einzeln zählbar ist (oder immer, wenn Sie im Englischen „many"
sagen würden). Das heißt aber nicht, dass diskrete Merkmale auf ganze Zahlen reduziert
werden können, auch die Ausprägungen 0,1; 0,2 usw. können diskret sein, wichtig ist, dass
zwischen je zwei benachbarten Ausprägungen keine weiteren Werte zugelassen sind.

Stetige Merkmale:

Für je zwei Merkmalsausprägungen gelten auch alle Zwischenwerte. Typisch sind Zeit, Länge, Gewicht, die theoretisch beliebig genau gemessen werden können.

Stetige Merkmale müssen, diskrete Merkmale können in Klassen unterteilt werden.

Diskrete Merkmale mit sehr vielen Ausprägungen werden meist in Klassen unterteilt.

(Beispiel: Einkommen der Beschäftigten einer großen Firma oder Altersstruktur der Bevölkerung eines Landes)

Die Klassengrenzen werden meist gebildet *von ... bis unter.*

Mittelwerte und Streuungsmaße von klassierten Größen lassen sich erst ermitteln, wenn man
die Klassenmitten ((Untergrenze + Obergrenze)/2) gebildet hat.

1.1.4   Häufigkeiten und graphische Darstellung

1.1.4.1   Absolute und relative Häufigkeit

Die folgenden Häufigkeiten sollte man kennen und unterscheiden können:

- absolute Häufigkeit h(a)
- absolute kumulierte Häufigkeit H(x)
- relative Häufigkeit f(a)
- relative kumulierte Häufigkeit F(x) (empirische Verteilungsfunktion)

Beispiel 1:

In einer Urliste werden die Augenzahlen bei 12-maligem Würfeln notiert:

3, 4, 2, 5, 5, 1, 3, 6, 5, 1, 5, 1

Die geordnete Urliste ergibt:

1	1	1	2	3	3	4	5	5	5	5	6
x_1	x_2	x_3	x_4	x_5	x_6	x_7	x_8	x_9	x_{10}	x_{11}	x_{12}

Bitte beachten Sie die Unterscheidung x_i (für jedes einzelne Beobachtungsmerkmal) und a_j für die Merkmalsausprägungen.

Merkmalsausprägung:

1,	2,	3,	4,	5,	6
a_1,	a_2,	a_3,	a_4,	a_5,	a_6

Als Tabelle:

Ausprägung (aj)	1	2	3	4	5	6
abs. Häufigkeit h(aj)	3	1	2	1	4	1
abs. Kum. Häufigkeit H(x)	3	4	6	7	11	12
rel. Häufigkeit f(aj)	3/12	1/12	2/12	1/12	4/12	1/12
rel. Kum. Häufigkeit F(x)	3/12	4/12	6/12	7/12	11/12	12/12

1.1.4.2   Graphische Darstellung

Es gibt eine Unmenge an Möglichkeiten, Daten graphisch darzustellen, von den wichtigsten

- Stabdiagramm,
- Kreisdiagramm und
- Histogramm

konzentrieren wir uns auf das Histogramm. Stabdiagramm und Kreisdiagramm erklären sich quasi von selbst, das Histogramm bietet dagegen einige Feinheiten, die Sie beachten sollten. Histogramm:

Beispiel 2:

Bei einer Stichprobe von n = 20 Schülern einer 8. Klasse wurden folgende Sparguthaben in € festgestellt.

1000 580   520   350   620   800   120

600   550   420   470   200   560   480

1000 600   1150 800   250   650

Erstellen Sie unter Verwendung der Klassengrenzen 0; 300; 500; 700; 1200 ein Histogramm!

Lösung:

Von .. bis unter:	absolute Häufigkeit	relative Häufigkeit
0 – 300	3	0,15
300 – 500	4	0,2
500 – 700	8	0,4
700 – 1200	5	0,25

Die x-Achse bildet die Merkmalsausprägung.

Achtung: Nicht die Höhe der Rechtecke, sondern deren Flächeninhalt ist proportional zur Häufigkeit.

Die Höhe der Rechtecke ist zu ermitteln aus: Flächeninhalt = Grundseite • Höhe

→ Höhe = Flächeninhalt/Grundseite

h_1:   0,15/3 = 0,05   · 20   = 1

h_2:   0,2 /2 = 0,10   · 20   = 2

h_3:   0,4 /2 = 0,20   · 20   = 4

h_4:   0,25/5 = 0,05   · 20   = 1

(Falls die Zahlen zu klein sind, kann man sie mit einem festen Wert λ multiplizieren. In diesem Fall: $\lambda = 20$)

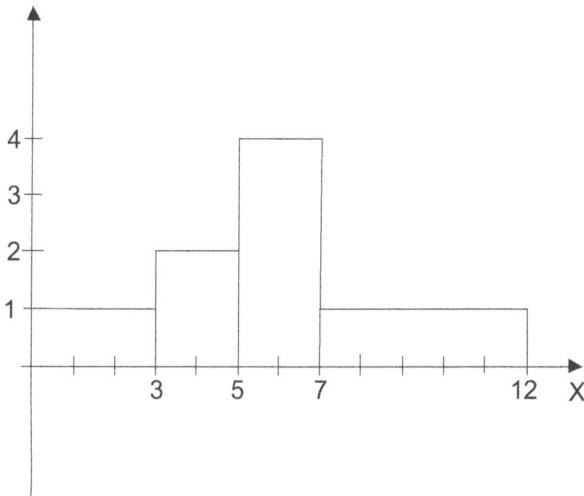

Abbildung 1: Histogramm

Aufgabe:

3)   120 erwachsene Personen wurden nach ihren monatlichen Ausgaben für Kino- bzw. Theaterbesuche befragt. Die Umfrageergebnisse wurden klassiert in folgender Tabelle zusammengestellt:

monatliche Ausgaben von: - bis unter	Anzahl
0 - 10	5
10 - 30	20
30 - 50	75
50 - 100	20

Zeichnen Sie ein Histogramm für das Merkmal „monatliche Ausgaben für Kino bzw. Theater"!

1.1.5   Lageparameter

Folgende Grundbegriffe sollte man kennen:

Modus (Modalwert): Häufigster Wert. Der Modus ist ein geeigneter Parameter für zahlenmäßig nicht erfassbare Merkmale (Farben, Einschaltquoten für Fernsehsendungen usw.)

Median (Zentralwert): Der mittlere Wert einer Datenreihe. Voraussetzung ist natürlich eine geordnete Reihe von Beobachtungswerten. Bei einer geraden Anzahl von Werten ist der Median das arithmetische Mittel der beiden mittleren Werte.

Arithmetisches Mittel:

$$\bar{x} = \frac{1}{n} \sum_{i=1}^{n} x_i \tag{1a}$$

Mit arithmetischem Mittel ist in aller Regel das gewogene arithmetische Mittel gemeint. Zum Unterschied:

Beispiel 3:

Eine Schülerin hat im ersten Schulhalbjahr folgende Noten im Fach Englisch erhalten: 2, 2, 3, 3, 3 und 5. Beim arithmetischen Mittel werden nach Formel 1a die einzelnen Noten mit deren Häufigkeit gewichtet (gewogen), also (2+2+3+3+3+5):6.

Beim nicht gewogenen Mittel würden dagegen nur die einzelnen Ausprägungen berücksichtigt, also (2+3+5):3.

Für r disjunkte statistische Massen, mit den jeweiligen arithmetischen Mitteln $\bar{x}_1; \bar{x}_2; ... \bar{x}_r$ berechnet sich das Gesamtmittel:

$$\bar{x}_{Ges} = \frac{1}{r} \sum_{j=1}^{r} n_j \bar{x}_j \tag{1b}$$

–   Geometrisches Mittel:

$$\bar{x}_G = \sqrt[n]{x_1 \cdot x_2 \cdot ... x_n} \tag{2}$$

Überall dort, wo man es mit Wachstumsraten oder prozentualer Zu- bzw. Abnahme zu tun hat, wird das geometrische Mittel berechnet.

Beispiel 4:

Sie zahlen am 1.1. eines Jahres bei einer Bank 1000 € ein. In den ersten beiden Jahren bekommen Sie 4% Zinsen, in den folgenden 3 Jahren 5,5 % und im sechsten Jahr 6% Zinsen.

a)   Auf wie viel Euro ist Ihr Kapital nach 6 Jahren angewachsen?

b)   Bei welcher Durchschnittsverzinsung hätten Sie das gleiche Endkapital?

Lösung:

a) $K_6 = 1000 \cdot 1.04^2 \cdot 1{,}055^3 \cdot 1{,}06$

        $K_6 = 1346{,}26$

b) $1000 \cdot q^6 = 1346{,}26$

$$q^6 = 1{,}34626$$

$$q = \sqrt[6]{1{,}34626} = \sqrt[6]{1{,}04^2 \cdot 1{,}055^3 \cdot 1{,}06}$$

$$q = 1{,}0508$$

Damit ist q ≈ 1,051 die durchschnittliche Wachstumsrate ($\overline{x}_G$) des Kapitals für die 6 Jahre.

– Harmonisches Mittel:

$$\overline{x}_H = \frac{\sum\limits_{j=1}^{m} h_j}{\sum\limits_{j=1}^{m} \frac{h_j}{a_j}} = \frac{n}{\sum\limits_{j=1}^{m} \frac{h_j}{a_j}} = \frac{n}{\sum\limits_{i=1}^{n} \frac{1}{x_i}} \tag{3}$$

Die Berechnung dieses Mittelwertes ist eigentlich auch ganz einfach, aber immer, wenn man etwas formalisieren oder allgemeingültig machen muss, wird es kompliziert. Das harmonische Mittel ist immer dann geeignet, wenn die Größe, um die es geht, indirekt proportional zu einer anderen Größe ist. Typisches Anwendungsgebiet für das harmonische Mittel ist die Durchschnittsgeschwindigkeit.

Die Geschwindigkeit ist umgekehrt proportional zur Zeit.

Beispiel 5:

Ein Pkw legt vier gleich lange Teilstrecken (40km) in folgenden Geschwindigkeiten zurück:

Teilstrecke sj	40	40	40	40
Geschwindigkeit vj	40	50	80	100

Die Geschwindigkeit v ist hier das Beobachtungsmerkmal, steht also für x, v_j ist die Ausprägung und steht in diesem Fall für a_j.

s_j steht hier für die Anzahl der Kilometer, also für h_j, die mit einer bestimmten Geschwindigkeit gefahren werden.

n ist die Gesamthäufigkeit der gefahrenen Kilometer, also 160.

Es gilt für die Geschwindigkeit: $v = \dfrac{s}{t}$ und für die Durchschnittsgeschwindigkeit:

$$\overline{v} = \frac{\sum\limits_{j=1}^{4} s_j}{\sum\limits_{j=1}^{4} t_j}$$ (Summe aller Strecken):(Summe aller Zeiten). Da die Zeiten nicht explizit ange-

geben sind, müssen sie ersetzt werden: $t = \dfrac{s}{v}$

$$\overline{v} = \frac{\sum\limits_{j=1}^{4} s_j}{\sum\limits_{j=1}^{4} \frac{s_j}{v_i}} = \frac{40+40+40+40}{\frac{40}{40}+\frac{40}{50}+\frac{40}{80}+\frac{40}{100}} = \frac{n}{\sum\limits_{j=1}^{m} \frac{s_j}{v_j}}$$

Aufgaben:

4)   Bestimmen Sie für die folgende Urliste Modus, Median und das gewogene arithmetische Mittel:

3, 4, 2, 5, 5, 1, 3, 6, 5, 1, 5, 1

5)   Jemand fuhr mit seinem Sportwagen die Strecke Stuttgart-München (einfache Entfernung = 220 km) und zurück. Auf den ersten 40 km erzielte er im Großraum Stuttgart nur eine Geschwindigkeit von 120 km/h. Dann konnte er 5 Minuten lang 240 km/h fahren. Anschließend hatte er bis München eine Durchschnittsgeschwindigkeit von 160 km/h. Auf der Rückfahrt fuhr er konstant 110 km/h.

Berechnen Sie seine Durchschnittsgeschwindigkeit!

6)   Die Schüler eines Gymnasiums mit 800 Schülern wurden in drei Gruppen eingeteilt und an einem normalen Schultag wurden die Gewichte ihrer Schultaschen ermittelt. Es ergaben sich für die drei Gruppen jeweils die folgenden Durchschnittsgewichte:

Gruppe I (Klasse 5 – 7, 305 Schüler):   9,8 kg

Gruppe II (Klasse 8 – 10, 290 Schüler):   7,3 kg

Gruppe III (Klasse 11 – 12, 205 Schüler): 4,2 kg

Berechnen Sie das durchschnittliche Gewicht der Schultaschen an dieser Schule! Berechnen Sie den durchschnittlichen Bruttomonatslohn!

7)   Die jährlichen Ausgaben für Bildung und Erziehung der letzten 6 Jahre in Millionen €
seien in der folgenden Tabelle zusammengefasst (fiktive Zahlen):

	Deutschland	Italien	Frankreich
2002	124,00	74,07	203,80
2003	132,6	80,53	235,10
2004	125,70	86,77	244,5
2005	126,40	89,85	240,00
2006	127,20	91,44	230,70
2007	127,20	95,42	206,70

Bestimmen Sie die durchschnittlichen Wachstumsraten!

8)   Für die Bruttomonatslöhne der Arbeiter eines Unternehmens wurde folgende gruppierte Häufigkeitstabelle aufgestellt:

Löhne	Zahl der Arbeiter
0 – 1800	350
1800 – 2200	960
2200 – 2400	1460
2400 – 2600	1890
2600 – 2800	1560
2800 – 3200	1760

     Berechnen Sie den durchschnittlichen Bruttomonatslohn!

9)   Die folgende ungeordnete Urliste enthält das Alter von 50 Mitarbeitern eines mittelständischen Unternehmens:

     40 20 22 15 18 51 37 42 31 58 33 39 49 22 23 62 42 53 43 44 19 49 40 36 37 38 22 24 32 29 41 40 40 38 27 51 52 54 28 22 64 19 50 40 18 68 51 41 48 57

     Bestimmen Sie den Modalwert, den Median sowie das arithmetische Mittel!

10)   An 100 Tagen registriert jemand morgens und abends seine jeweiligen Wartezeiten
      auf den Bus:

$u \leq t \prec o$	abs. Häufigkeit
0 – 1	108
1 – 2	55
2 – 3	17
3 – 4	9
4 – 5	7
5 – 6	4

      Berechnen Sie das gewogene arithmetische Mittel der Wartezeiten!

1.2   Streuungsparameter und Konzentrationsmaße

1.2.1   Streuungsparameter

Folgende Grundbegriffe sollte man kennen:

-   **Spannweite** (SP = $x_{max} - x_{min}$)   (4)
-   **mittlere quadratische Abweichung (s^2):**
    Sie gibt Auskunft über die Abweichung der einzelnen Werte vom Mittelwert (großes s^2 =
    große Streuung, kleiner Wert: die einzelnen Beobachtungswerte sind relativ dicht um den
    Mittelwert konzentriert). Alle 6 angegebenen Formeln führen bei richtigem Rechnen zum
    gleichen Ergebnis. Erfahrung, Datenstruktur oder Belieben des Statisti-kers sind ent-
    scheidend, welche der Formeln er verwendet.

$$s^2 = \frac{1}{n}\sum_{i=1}^{n}(x_i - \overline{x})^2 \text{ (5a)} \qquad s^2 = \frac{1}{n}\sum_{j=1}^{k}a_j^2 \cdot h(a_j) - \overline{x}^2 \text{ (5d)}$$

$$s^2 = \frac{1}{n}\sum_{i=1}^{n}x_i^2 - \overline{x}^2 \text{ (5b)} \qquad s^2 = \sum_{j=1}^{k}(a_j - \overline{x})^2 \cdot f(a_j) \text{ (5e)}$$

$$s^2 = \frac{1}{n}\sum_{j=1}^{k}(a_j - \overline{x})^2 \cdot h(a_j) \text{ (5c)} \qquad s^2 = \sum_{j=1}^{k}a_j^2 \cdot f(a_j) - \overline{x}^2 \text{ (5f)}$$

-   **Standardabweichung:**

$$s = \sqrt{s^2}$$ (6)

– **Variationskoeffizient:**

$$V = \frac{s}{\bar{x}} \tag{7}$$

Beispiel 6:

Von 20 Haushalten wurde ermittelt, wie viele Computer im jeweiligen Haushalt vorhanden sind. In ungeordneter Reihe erhielt man folgendes Ergebnis:

| 1 | 0 | 2 | 1 | 1 | 1 | 2 | 0 | 3 | 0 | 2 | 2 | 3 | 2 | 1 | 2 | 0 | 2 | 1 | 3 |

x_1 x_2 .   .   .   .   .   . x_i .   .   .   . x_{20}

Merkmalsausprägungen: $a_j = 0, 1, 2, 3$

Spannweite: $3 - 0 = 3$

a_j	0	1	2	3
$h(a_j)$	4	6	7	3
$H(x_i)$	4	10	17	20
$F(a_j)$	0,2	0,3	0,35	0,15
$F(x_i)$	0,2	0,5	0,85	1

Arithmetisches Mittel: $\bar{x} = \frac{1}{20} \cdot (6 \cdot 1 + 7 \cdot 2 + 3 \cdot 3) = 1{,}45$

Mittlere quadratische Abweichung:

5a: $s^2 = \frac{1}{20} \cdot [(0-1{,}45)^2 + .. + (0-1{,}45)^2 + (1-1{,}45)^2 + .. + (3-1{,}45)^2] = 0{,}9475$

5b: $s^2 = \frac{1}{20} \cdot (0^2 + 0^2 + .. 1^2 + .. + 3^2 + 3^2 + 3^2) - 1{,}45^2 = 0{,}9475$

5c: $s^2 = \frac{1}{20} \cdot [(0-1{,}45)^2 \cdot 4 + (1-1{,}45)^2 \cdot 6 + (2-1{,}45)^2 \cdot 7 + (3-1{,}45)^2 \cdot 3] = 0{,}9475$

5d: $s^2 = \frac{1}{20} \cdot (0^2 \cdot 4 + 1^2 \cdot 6 + 2^2 \cdot 7 + 3^2 \cdot 3) - 1{,}45^2 = 0{,}9475$

5e: $s^2 = (0-1{,}45)^2 \cdot 0{,}2 + (1-1{,}45)^2 \cdot 0{,}3 + ... + (3-1{,}45)^2 \cdot 0{,}15 = 0{,}9475$

5f: $s^2 = (0^2 \cdot 0{,}2 + 1^2 \cdot 0{,}3 + 2^2 \cdot 0{,}35 + 3^2 \cdot 0{,}15) - 1{,}45^2 = 0{,}9475$

Standardabweichung: $s = \sqrt{0{,}9475} \approx 0{,}9734$

Variationskoeffizient: $V = \dfrac{0{,}9734}{1{,}45} \approx 0{,}6713$

1.2.2   Konzentrationsmaße

1.2.2.1   Die Lorenzkurve
Die Lorenzkurve ist ein graphisches Mittel, um die Konzentration von Beobachtungsmerk-
malen (typischerweise Sparguthaben, Umsätze, Grundbesitz oder Gewinne) auf einige wenige Merkmalsträger zu verdeutlichen. Das Koordinatensystem bildet ein Quadrat mit der
Seitenlänge 1. Die Lorenzkurve ist immer konvex, das heißt, sie verläuft unterhalb der Diagonalen von links unten nach rechts oben. Deshalb ist es unbedingt erforderlich, die Beobachtungsmerkmale zunächst der Größe nach zu ordnen. Nur bei völliger Gleichverteilung
fällt die Lorenzkurve mit der Diagonalen zusammen. Die Beobachtungsmerkmale werden
auf der y-Achse, die Anzahl der Merkmalsträger auf der x-Achse abgebildet.

Beispiel 7:

4 Bäckereien, Umsatz pro Monat insgesamt 30 000,- €

3 Bäckereien je 5000

1 Bäckerei   15000

Umsatz	Anzahl	U · A	rel. Umsatz	summiert (y-Achse)	rel. Anzahl	summiert (x-Achse)
5000	3	15000	0,5	0,5	0,75	0,75
15000	1	15000	0,5	1	0,25	1
	4	30000				

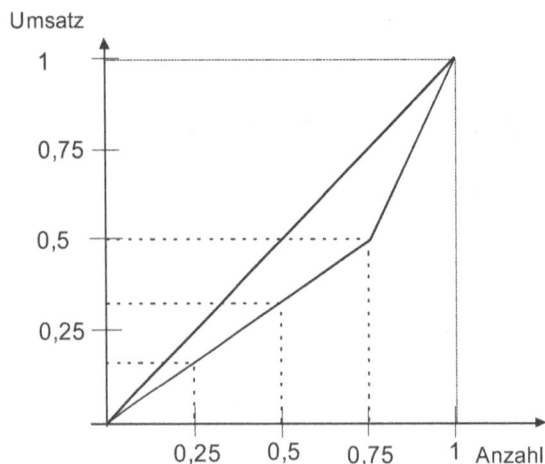

Abbildung 2: Lorenzkurve

1.2.2.2   Gini-Koeffizient (G)
           (Lorenz`sches Konzentrationsmaß (LKM))

Der Gini-Koeffizient oder auch Lorenz`sches Konzentrationsmaß genannt, ordnet der Konzentration eine Zahl zwischen 0 (gleichmäßig verteilt) und 1 (vollständige Konzentration) zu.

Der Gini-Koeffizient entspricht dem doppelten Flächeninhalt der Fläche zwischen der Diagonalen und der Lorenzkurve.

Obwohl es eine Formel gibt, kann es manchmal praktischer sein, die Fläche zwischen der Diagonalen und der Lorenzkurve als Differenz aus dem Dreieck, das die Diagonale mit der x-Achse bildet und den unter der Lorenzkurve befindlichen Teilflächen zu berechnen. Das Dreieck hat immer den Flächeninhalt 0,5, die unter der Lorenzkurve liegenden Teilflächen sind ein Dreieck und ein oder mehrere Trapeze. (Flächeninhalt Trapez: 0,5(a + c)h, wobei a und c die beiden parallelen Seiten sind. h entspricht dem Abstand zwischen den parallelen Seiten auf der x-Achse.

$$G = 2 \cdot [0,5 - \left(\tfrac{1}{2} \cdot \tfrac{3}{4} \cdot \tfrac{1}{2} + \tfrac{(0,5+1)}{2} \cdot \tfrac{1}{4} \right) = 0,25$$

Da sowohl in der Formel für das Dreieck als auch für die Trapeze jeweils der Faktor 0,5 vorkommt, kann 0,5 ausgeklammert werden:

$$G = 2 \cdot [0,5 - \tfrac{1}{2} \left(\tfrac{3}{4} \cdot \tfrac{1}{2} + (0,5+1) \cdot \tfrac{1}{4} \right)$$
$$G = 1 - (0,75 \cdot 0,5 + 1,5 \cdot 0,25) = 0,25$$

Die Formel für den Gini-Koeffizienten:

$$G = \frac{2 \cdot \sum_{i=1}^{n} i \cdot x_i - (n+1) \cdot \sum_{i=1}^{n} x_i}{n \cdot \sum_{i=1}^{n} x_i}$$

(8)

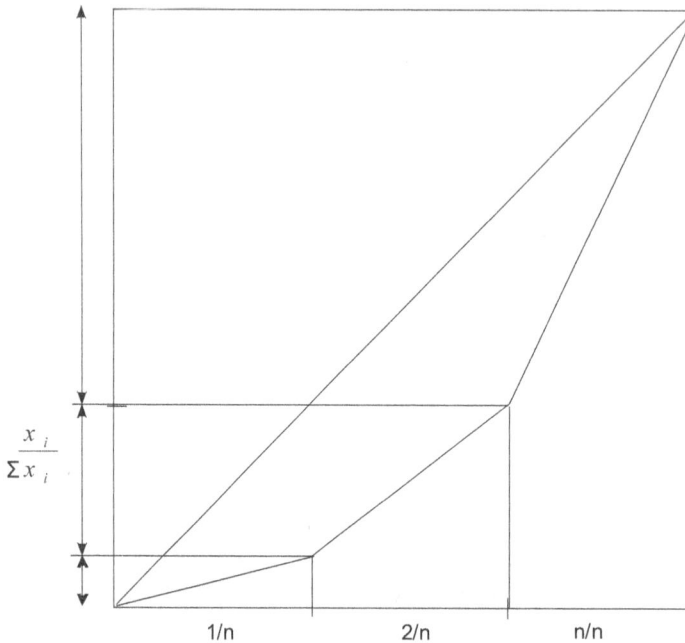

Abbildung 3:   Flächenberechnung für den Ginikoeffizienten

Um von den Flächeninhalten auf die Formel zu kommen, berechnet man den Flächeninhalt, indem man die Flächen des Dreiecks mit der Höhe $\dfrac{x_1}{\sum x_i}$ und der Grundseite 1/n und der Trapeze mit den Höhen $\dfrac{x_i}{\sum x_i}$ und den parallelen Seiten 1/n und 2/n, 2/n und 3/n, .. (n-1)/n und n/n aufaddiert und das Dreieck oberhalb der Diagonalen mit dem Flächeninhalt 0,5 abzieht.

Aufgabe:

°11)   Leiten Sie aus der Flächenberechnung die Formel für den Gini-Koeffizienten her!

Beispiel 8:

Umsatz (x_i)	Bäckerei (i)
5000	1
5000	2
5000	3
15000	4

$$G = \frac{2 \cdot (1 \cdot 5000 + 2 \cdot 5000 + 3 \cdot 5000 + 4 \cdot 15000) - 5 \cdot (5000 + 5000 + 5000 + 15000)}{4 \cdot (5000 + 5000 + 5000 + 15000)}$$

$G = 0,25$

Beispiel 9:

Vollständige Konzentration:

4 Bäckereien, Umsatz pro Monat insgesamt 30 000,- €

3 Bäckereien je 0 (Urlaubszeit)

1 Bäckerei   30 000

Umsatz	Anzahl	U * A	rel. Umsatz	Summiert	rel. Anzahl	summiert
0	3	0	0	0	0,75	0,75
30000	1	30000	1	1	0,25	1
Σ	4	30000				

Umsatz

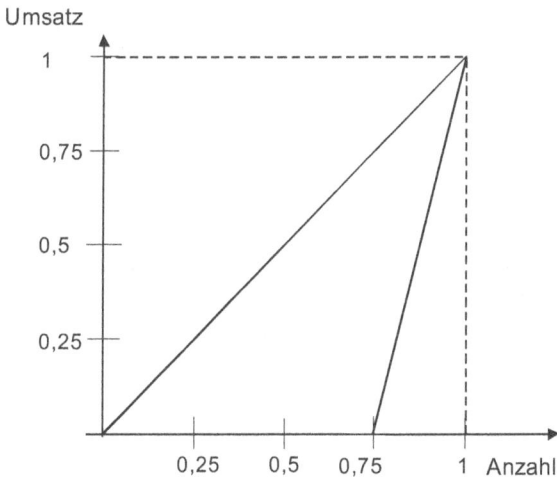

Abbildung 4: Lorenzkurve bei vollständiger Konzentration

$$G = \frac{2 \cdot 4 \cdot 30000 - 5 \cdot 30000}{4 \cdot 30000} = 0,75$$

Der normierte Gini-Koeffizient (G*):

Wie man an Abbildung 4 leicht erkennen kann, kann mit dieser Formel der Gini-Koeffizient bei vollständiger Konzentration nie 1 werden. Er wird erst 1, wenn man ihn mit dem Faktor n:(n-1) multipliziert.

$$G^* = \frac{n}{n-1} \cdot G$$

(9)

$$G^* = \frac{4}{3} \cdot 0{,}75 = 1$$

Aufgaben:

12)   Im Jahresdurchschnitt gab es im Jahre 2007 in der Bundesrepublik Deutschland 39,737 Mio. Erwerbstätige und zwar verteilt auf die folgend aufgeführten Wirtschaftsbereiche:

Branche	Anzahl
Land- und Forstwirtschaft, Fischerei	874.214
Produzierendes Gewerbe ohne Bau	7.907.663
Baugewerbe	2.185.535
Handel, Gaststätten und Verkehr	9.894.513
Finanzierung, Vermietung und Unternehmensdienstleister	6.874.501
Öffentliche und private Dienstleister	12.000.574

Quelle: Deutschland in Zahlen, Institut der deutschen Wirtschaft Köln (Hrsg.) 2008

Berechnen Sie den Gini-Koeffizienten!

13)   Ein Konzern mit 22 000 Mitarbeitern hat folgende Einkommensgruppierungen:

Einkommensgruppe			Anzahl der
Von	bis unter	Klassenmitte	Mitarbeiter
0	1000	500	500
1000	3000	2000	18000
3000	5000	4000	3000
5000	10000	7500	291
10000	30000	20000	200
30000		50000	9

Bestimmen Sie den Gini-Koeffizienten!

14)   In zwei aufeinander folgenden Jahren werden für die Verteilung von Vermögen die beiden Lorenzkurven A) und B) beobachtet:

A)
Vermögen

B)
Vermögen

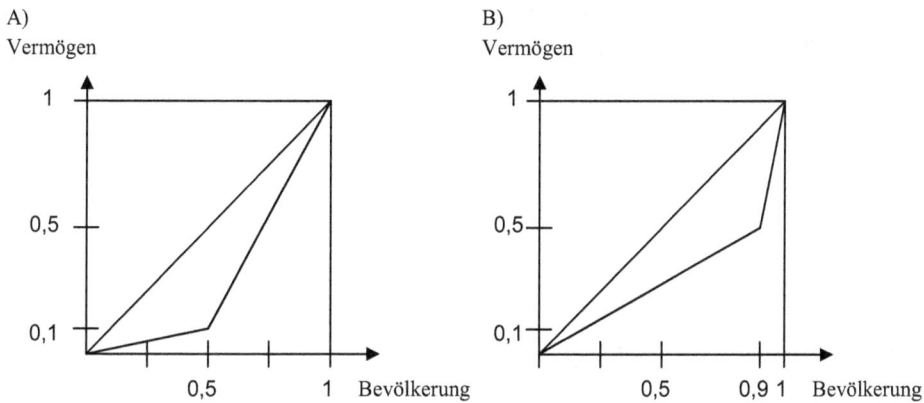

Abbildung 5: Unterschiedliche Vermögensverteilung bei gleichem Gini-Koeffizienten

Berechnen Sie bei B) den Prozentsatz des Vermögens, das die ersten 50 % der Bevölkerung besitzen!

15) Die Einwohner einer kleinen Gemeinde verfügen über ein Geldvermögen pro Kopf von:

Geldvermögen	Anzahl
[0;1000)	15
[1000;2000)	25
[2000;5000)	40
[5000;10000)	80
[10000:50000)	245
[50000;100000)	75
[100000;500000)	20

a) Wie hoch ist das Geldvermögen im Durchschnitt?

b) Geben Sie die Knickstellen der Lorenzkurve an!

16) Das Ergebnis einer Untersuchung von n Merkmalsträgern bezüglich eines kardinalskalierten Merkmals x mit ganzzahligen Ausprägungen wird in folgender empirischer Verteilungsfunktion zusammengefasst.

x	0	1	2	3	4	5
F(x)	0	0,4	0,56	0,7	1	1

a) Berechnen Sie das arithmetische Mittel!

b) Bestimmen Sie Modus und Median!

c) Welcher Wert ergibt sich für die mittlere quadratische Abweichung?

Obige Daten werden nun klassiert. Es wird eine Einteilung der Merkmalsachse in die Klassen [0;4) und [4;6) vorgenommen.

d)   Bestimmen Sie die Rechteckshöhen des Histogramms für diese Einteilung!

e)   Welche Winkel ergeben sich bei einer Darstellung der klassierten Daten mittels eines Kreissektordiagramms?

1.3   Mehrdimensionales Datenmaterial

1.3.1   Darstellung (Kontingenztabelle, Streuungsdiagramm)

1.3.1.1   Kontingenztabelle

Häufig ist es von Interesse, ob es einen Zusammenhang zwischen zwei oder mehr unterschiedlichen Merkmalen gibt. Bei nominaler Skalierung mit wenigen Merkmalsausprägungen hilft eine Kontingenztabelle.

Beispiel 10:

Es soll untersucht werden, ob es einen Zusammenhang zwischen Religion und Wohnort gibt.

Religion: evangelisch; katholisch; konfessionslos

Wohnort: Hannover; München; Magdeburg

Insgesamt wurden in allen drei Städten 1000 Personen (Merkmalsträger) befragt. Die Anzahl der Merkmalsträger mit gleicher Merkmalkombination wurde notiert. Es ergab sich:

(Hannover/evangelisch):   250   (Hannover/katholisch):   100

(Hannover/konfessionslos):   70   (München/evangelisch):   150

(München/katholisch):   210   (München/konfessionslos): 30

(Magdeburg/evangelisch):   50   (Magdeburg/katholisch):   40

(Magdeburg/konfessionslos):   100

Diese Werte wurden zusammen mit den Randhäufigkeiten in einer Kontingenztabelle zusammengefasst.

	evangelisch	katholisch	konfessionslos	Randhäufigkeiten h_{i*}
Hannover	h_{11} 250	h_{12} 100	h_{13} 70	h_{1j} 420
München	h_{21} 150	h_{22} 210	h_{23} 30	h_{2j} 390
Magdeburg	h_{31} 50	h_{32} 40	h_{33} 100	h_{3j} 190
Randhäufigkeiten h_{*j}	450	350	200	1000

Abbildung 6: Kontingenztabelle (Wohnort-Religionszugehörigkeit)

Dabei steht i (für i = 1 bis 3) für Hannover (1), München (2), Magdeburg (3) und j (= 1 bis 3) für evangelisch (1), katholisch (2) , konfessionslos (3). h_{32} ist demnach die Anzahl derjenigen, die in Magdeburg wohnen und katholisch sind.

Die bedingte Verteilung kann in diesem Beispiel die Verteilung der Religionszugehörigkeit unter der Bedingung einer bestimmten Stadt oder des Wohnortes unter der Bedingung einer bestimmten Religion sein. So ergibt sich die bedingte Verteilung der Religion unter der Bedingung München aus dem Quotienten der Zahlen der Zeile München und der Randhäufigkeit für München.

	evangelisch	katholisch	konfessionslos
München	0,385	0,538	0,077

Abbildung 7: Verteilung der Religion unter der Bedingung München

	Hannover	München	Magdeburg
Evangelisch	0,556	0.333	0,111

Abbildung 8: Verteilung des Wohnortes unter der Bedingung evangelisch

1.3.1.2   Streuungsdiagramm
Beispiel 11:

Die folgende Tabelle enthält die erreichten Punkte einer Mathematik- und einer Statistikklausur von 10 Studenten:

Student	1	2	3	4	5	6	7	8	9	10
Mathe	78	83	60	67	90	55	76	67	80	84
Statistik	80	76	65	70	88	38	77	67	81	88

Jede Merkmalskombination kommt nur einmal vor. Eine Kontingenztabelle würde in diesem Fall nichts aussagen. Außerdem ist die Anzahl der Merkmalsausprägungen relativ hoch. (Mathe 9, Statistik 10) Die Kontingenztabelle hätte also 90 Felder. In diesen Fällen, meist bei kardinalskalierten Merkmalen, erstellt man ein Streuungsdiagramm.

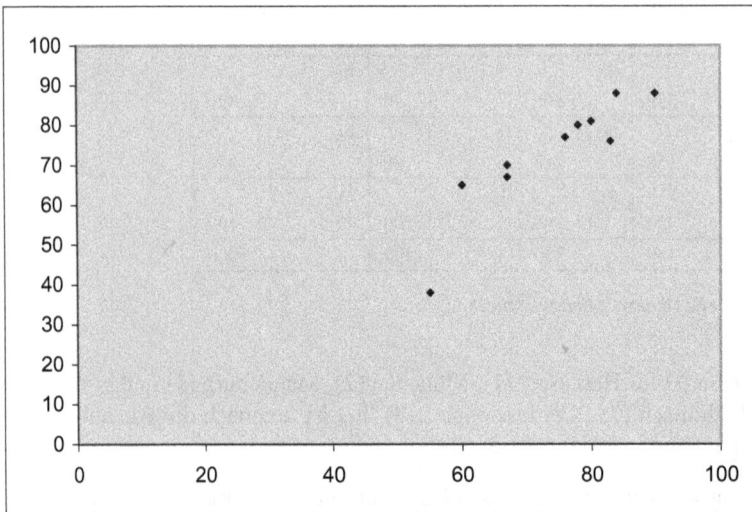

Abbildung 9: Streuungsdiagramm

1.3.2   Korrelationsrechnung

1.3.2.1   Der Kontingenzkoeffizient

Der Kontingenzkoeffizient gibt darüber Auskunft, ob und in welchem Maße zwei Merkmale in einem Zusammenhang stehen, er eignet sich für nominalskalierte Daten. Ähnlich wie der Gini-Koeffizient soll er für völlige Abhängigkeit den Wert 1 ergeben, für völlige Unabhängigkeit den Wert 0.

Der Kontingenzkoeffizient wird über mehrere Stufen berechnet, zunächst benötigt man die Werte

$\tilde{h}_{ij}$ (h_{ij}-Schlange)

Diese Werte ergeben sich für jedes einzelne Feld aus dem Produkt der jeweiligen Randhäufigkeiten, geteilt durch die Gesamtzahl.

Beispiel 12:

Für 100 fünfjährige Kinder wurden die Merkmale Geschlecht und Lieblingsspielzeug notiert. Es ergab sich folgende Kontingenztabelle:

Geschlecht Spielzeug	männlich	weiblich	
Auto	36	24	
	50	10	60
Puppe	24	12	
	10	30	40
	60	40	100

In den Feldern stehen oben rechts die Werte für h_{ij}-Schlange. Die 36 im Feld (Auto/männlich) ergibt sich aus $(60 \cdot 60):100$.

Mit dem Wert $\tilde{h}_{ij}$ wird die Größe χ^2 (Chi-Quadrat) berechnet:

$$\chi^2 = \sum_{i=1}^{k} \sum_{j=1}^{l} \frac{(h_{ij} - \tilde{h}_{ij})^2}{\tilde{h}_{ij}}$$

(10)

$$\chi^2 = \frac{(50-36)^2}{36} + \frac{(10-24)^2}{24} + \frac{(10-24)^2}{24} + \frac{(30-12)^2}{12}$$

$$\chi^2 = \frac{196}{36} + \frac{196}{24} + \frac{196}{24} + \frac{324}{12} = 48,78$$

Der Kontingenzkoeffizient K ergibt sich schließlich aus:

$$K = \sqrt{\frac{\chi^2}{n + \chi^2}}$$

(11)

$$K = \sqrt{\frac{48,78}{100 + 48,78}}$$

K = 0,573

Auch der Kontingenzkoeffizient kann (siehe Gini-Koeffizient) nicht den Wert eins annehmen. Deshalb wird dieser Wert normiert, indem er durch den Wert $K_{max} = \sqrt{\frac{M-1}{M}}$ (mit

M = min(k,l), also dem kleineren Wert der Zeilen- bzw. Spaltenzahl) dividiert wird.

$$K_* = \frac{K}{K_{max}}$$ (normierter (oder korrigierter) Kontingenzkoeffizient)

(12a)

$K_{max} = \sqrt{0,5}$ → $K_* = 0,573 : \sqrt{0,5}$ → $K_* = 0,81$

Interpretation: Es besteht ein relativ enger Zusammenhang zwischen Geschlecht und Lieblingsspielzeug bei diesen fünfjährigen Kindern.

Man könnte K natürlich auch mit dem Kehrwert von K_{max} multiplizieren:

$$K_* = \sqrt{\frac{M}{M-1}} \cdot K$$

(12b)

Für unser Beispiel gilt dann: $K_* = \sqrt{2} \cdot 0,573 = 0,81$

Aufgabe:

17)   Berechnen Sie für das Beispiel „Religion – Wohnort" den normierten Kontingenzkoeffizienten!

1.3.2.2   Der Bravais-Pearson-Korrelationskoeffizient
Der Bravais-Pearson-Korrelationskoeffizient ist ein Maß für den Zusammenhang zweier kardinalskalierter Datenreihen.

$$r = \frac{\sum_{i=1}^{n}(x_i - \bar{x})(y_i - \bar{y})}{\sqrt{\sum_{i=1}^{n}(x_i - \bar{x})^2 \sum_{i=1}^{n}(y_i - \bar{y})^2}}$$

(13)

Beispiel 13:

Es soll überprüft werden, in welchem Maße die in Beispiel 11 erreichten Punkte zusammenhängen.

x	Y	$(x-\bar{x})$	$(x-\bar{x})^2$	$(y-\bar{y})$	$(y-\bar{y})^2$	$(x-\bar{x})(y-\bar{y})$
78	80	4	16	7	49	28
83	76	9	81	3	9	27
60	65	-14	196	-8	64	112
67	70	-7	49	-3	9	21
90	88	16	256	15	225	240
55	38	-19	361	-35	1225	665
76	77	2	4	4	16	8
67	67	-7	49	-6	36	42
80	81	6	36	8	64	48
84	88	10	100	15	225	150
			1148		1922	$\sum = 1341$

$$r = \frac{1341}{\sqrt{1148 \cdot 1922}} = 0,903$$

Interpretation: r nimmt Werte zwischen -1 und 1 an. - 1 bedeutet, alle Punkte liegen auf einer Geraden mit negativer Steigung. In dem Maße, in dem die einen Werte zunehmen, nehmen die anderen Werte ab. (Studenten, die in Mathe besonders gut sind, wären in Statistik besonders schlecht.)

r = 0: Es besteht kein Zusammenhang zwischen den Wertereihen.

r = 0,903: Stark positiv korreliert. Studenten, die in Mathe gut sind, sind auch in Statistik gut.

Aufgabe:

18) In einem Unternehmen seien x die Ausgaben für das Wohlbefinden der Beschäftigten in 1000 €, y die Gesamtkrankentage, beobachtet über 5 Jahre.

Berechnen Sie den Korrelationskoeffizienten!

Jahr	1	2	3	4	5
x	4,5	4,6	4,9	5,3	5,5
y	180	161	164	155	149

1.3.2.3   Der Rangkorrelationskoeffizient von Spearman

$$r_{SP} = 1 - \frac{6\sum_{i=1}^{n}(R_i - R_i')^2}{(n-1)n(n+1)} \tag{14}$$

Für ordinalskalierte Werte verwenden Sie diesen Koeffizienten. Vergessen Sie aber bitte im Recheneifer nicht, dass Sie da noch etwas von 1 subtrahieren müssen (häufiger Flüchtigkeitsfehler).

Beispiel 14:

5 Studenten erreichten bei einer Englisch- bzw. Französischklausur folgende Punkte:

Englisch	38	47	44	51	35
Französisch	39	34	31	48	46

Berechnen Sie den Rangkorrelationskoeffizienten!

Diese Werte sind kardinal skaliert, Sie sollen aber den Rangkorrelationskoeffizienten berechnen. Also müssen den einzelnen Werten zunächst die Ränge zugeordnet werden:

Student	Englisch	Französisch	R_i	R_i'	$(R_i - R_i')^2$
1	38	39	4	3	1
2	47	34	2	4	4
3	44	31	3	5	4
4	51	48	1	1	0
5	35	46	5	2	9
					18

$$r_{SP} = 1 - \frac{6 \cdot 18}{4 \cdot 5 \cdot 6} = 0,1$$

Es wäre noch zu erwähnen, dass bei Übereinstimmung mehrerer Werte diesen das arithmetische Mittel zugeordnet wird. Also im Beispiel: angenommen, Student 2 und drei hätten in Französisch jeweils 34 Punkte erzielt, dann bekämen beide die Rangordnungszahl 4,5 zugewiesen.

Normalerweise wird aufsteigend geordnet, r_{SP} ist es jedoch egal, ob sie auf- oder absteigend ordnen, solange Sie nicht die eine Datenreihe auf- und die andere absteigend ordnen.

1.3.2.4   Scheinkorrelation

Verlassen Sie sich bitte nie auf die Zahlen allein, zur Statistik gehört auch immer ein wenig Sachverstand und Weltwissen. Wenn zum Beispiel festgestellt wird, dass auf dem Land mehr Störche vorkommen als in der Stadt, und gleichzeitig stellt man fest, dass auf dem Land relativ mehr Kinder geboren werden als in der Stadt, dann ist das eine Art Scheinkorrelation. Sie sollten daraus nicht schließen, dass Störche etwas mit Babys zu tun haben.

Aufgaben:

19)   6 Sportler bereiten sich in einem Trainingslager auf eine Meisterschaft vor. Kurz vor Beginn der Meisterschaft führen sie einen Wettbewerb in den Disziplinen 400m – und 800m-Lauf durch. Sie erreichten dabei folgende Platzierungen:

Sportler	A	B	C	D	E	F
400 m	2	1	3	4	5	6
800 m	2	3	1	5	4	6

Berechnen Sie einen geeigneten Korrelationskoeffizienten!

20)   200 Personen wurden nach ihrer Berufsgruppe und der ihres Vaters befragt. Es ergaben sich folgende Merkmalskombinationen und deren Häufigkeiten:

Sohn	Vater	Häufigkeit
Arbeiter	Arbeiter	40
Arbeiter	Angestellter	10
Arbeiter	Beamter	0
Arbeiter	Selbständiger	0
Angestellter	Arbeiter	40
Angestellter	Angestellter	25
Angestellter	Beamter	5
Angestellter	Selbständiger	10
Beamter	Arbeiter	10
Beamter	Angestellter	25
Beamter	Beamter	25
Beamter	Selbständiger	0
Selbständiger	Arbeiter	0
Selbständiger	Angestellter	0
Selbständiger	Beamter	0
Selbständiger	Selbständiger	10

Berechnen Sie einen geeigneten Korrelationskoeffizienten!

21) Zwei voneinander unabhängige Institute beurteilen die Qualität von fünf Apfelsorten. Sie kommen zu folgenden Ergebnissen:

Apfelsorte	A	B	C	D	E
Institut 1	3	5	4	1	2
Institut 2	3	1	2	5	4

Berechnen Sie einen geeigneten Korrelationskoeffizienten!

22) In einem Unternehmen soll geprüft werden, ob ein Zusammenhang zwischen der Anzahl der insgesamt geleisteten Überstunden pro Woche und der Zahl der fehlerhaft produzierten Teile besteht:

Überstunden	23	20	31	13	28	28	15	30	27	35
Ausschuss	183	175	231	155	218	210	145	235	223	225

Auch in diesem Fall ist ein geeigneter Korrelationskoeffizient gesucht.

1.3.3   Lineare Regression

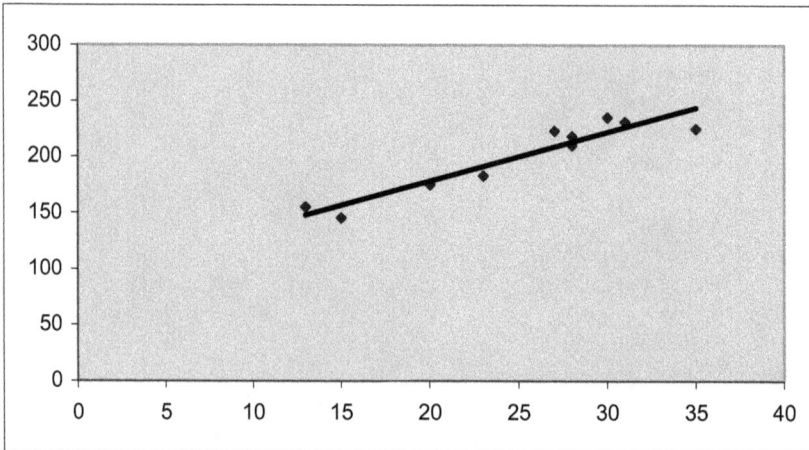

Abbildung 10: Regressionsgerade

Das Streuungsdiagramm zeigt die Daten von Aufgabe 22. Ziel der linearen Regression ist es, eine lineare Funktion zu finden, deren Graph möglichst wenig von den einzelnen Punkten abweicht. Mit Hilfe dieser Funktion ist es dann möglich, Prognosen zu erstellen oder Zwischenwerte zu berechnen (zu interpolieren).

Voraussetzung ist allerdings ein linearer Zusammenhang. Für exponentielles Wachstum eignet sich die Regressionsgerade nicht.

Allgemeine Funktionsgleichung: y = a + bx (Dabei ist a der Schnittpunkt mit der y-Achse und b die Steigung der Geraden.)

Zunächst berechnet man b:

$$b = \frac{\sum (x_i - \bar{x})(y_i - \bar{y})}{\sum (x_i - \bar{x})^2}$$

(15a)

Nach einigen Umformungen ergibt sich für b auch die Formel:

$$b = \frac{\sum x_i y_i - n \cdot \bar{x} \cdot \bar{y}}{\sum x_i^2 - n \cdot \bar{x}^2}$$

(15b)

Aufgabe:

°23)   Zeigen Sie mittels algebraischer Umformungen, dass 15b aus 15a hervorgeht!

Mit dem für b ermittelten Wert wird dann a berechnet:

$$a = \overline{y} - b\overline{x}$$ (16)

Beispiel 15:

Überstunden	23	20	31	13	28	28	15	30	27	35
Ausschuss	183	175	231	155	218	210	145	235	223	225

x_i	y_i	$(x_i - \overline{x})$	$(x_i - \overline{x})^2$	$(y_i - \overline{y})$	$(x_i - \overline{x})(y_i - \overline{y})$
23	183	-2	4	-17	34
20	175	-5	25	-25	125
31	231	6	36	31	186
13	155	-12	144	-45	540
28	218	3	9	18	54
28	210	3	9	10	30
15	145	-10	100	-55	550
30	235	5	25	35	175
27	223	2	4	23	46
35	225	10	100	25	250
$\overline{x}$ =25	$\overline{y}$ =200		$\sum$ 456		$\sum$ 1990

$$b = \frac{1990}{456} \qquad a = 200 - 4{,}364 \cdot 25$$

$b = 4{,}364$ $\qquad\qquad$ $a = 90{,}9$ $\qquad$ → $y = 90{,}9 + 4{,}364x$

Aufgabe:

24) Berechnen Sie für die folgenden Daten den Korrelationskoeffizienten und die Regressionsgerade!

x	4	7	5	8	8	11	3	6	7	1
y	46	43	45	42	42	39	47	44	43	9

1.4   Indexzahlen

1.4.1   Begriffe und Abkürzungen

$p_0(1),...,p_0(n):$ $\qquad$ Preise (Basisperiode)

$p_t(1),...,p_t(n):$ $\qquad$ Preise (Berichtsperiode)

$q_0(1),...,q_0(n):$ $\qquad$ Mengen (Basisperiode)

$q_t(1),...,q_t(n)$:   Mengen (Berichtsperiode)

Warenkorb: Menge der in der jeweiligen Periode verbrauchten Güter

1.4.2   Der Preisindex von Laspeyres

Der Preisindex von Laspeyres gibt an, wie sich das Preisniveau geändert hätte, wenn das in der Basisperiode gültige Verbrauchsschema unverändert auch in der Berichtsperiode gültig wäre.

$$P_{0t}^L = \frac{\sum p_t(i) \cdot q_0(i)}{\sum p_0(i) \cdot q_0(i)}$$

(17)

Beispiel 16:

Der Warenkorb in den Jahren 1946 (entspricht dem Basisjahr 0) und 1948 (entspricht dem Berichtsjahr 2) bestehe nur aus den Waren Brot, Fett und Zigaretten und zwar in folgenden Quantitäten und Preisen:

Jahr	1946		1948	
Gut	q_0	p_0	q_2	p_2
Brot (kg)	126	1,3	157	1,5
Fett (kg)	13	6,8	19	7,3
Zigaretten (Stück)	850	0,18	930	0,15

$$P_{02}^L = \frac{1,5 \cdot 126 + 7,3 \cdot 13 + 0,15 \cdot 850}{1,3 \cdot 126 + 6,8 \cdot 13 + 0,18 \cdot 850}$$

$$P_{02}^L = 1,0153$$

Interpretation: Nach dem Preisindex von Laspeyres sind die Preise in diesen drei Bereichen von 1946 bis 1948 um rund 1,5% gestiegen.

1.4.3   Der Preisindex von Paasche

Der Preisindex von Paasche gibt an, wie sich das Preisniveau geändert hätte, wenn in der Basisperiode die gleichen Mengen verbraucht worden wären wie in der der Berichtsperiode.

$$P_{0t}^P = \frac{\sum p_t(i) \cdot q_t(i)}{\sum p_0(i) \cdot q_t(i)}$$

(18)

Auf das obige Beispiel angewandt: $P_{02}^P = \dfrac{1,5 \cdot 157 + 7,3 \cdot 19 + 0,15 \cdot 930}{1,3 \cdot 157 + 6,8 \cdot 19 + 0,18 \cdot 930}$

$$P_{02}^P = 1,026$$

Nach dem Preisindex von Paasche hätte sich der Warenkorb in den zwei Jahren um 2,6% verteuert.

Aufgabe:

25) In den Monaten Juni, Juli, August und Oktober 2008 veränderten sich die Preise für Diesel bzw. Super pro Liter wie folgt (Mengen in Millionen Liter):

Monat	Juni		Juli		August		Oktober	
Kraftstoff	p	q	p	q	p	q	p	Q
Diesel	1,43	180	1,45	178	1,51	163	1,30	210
Super	1,49	430	1,50	380	1,58	378	1,26	450

Berechnen Sie:

a) Die Preisveränderung nach Laspeyres mit Juni als Basismonat und Oktober als Berichtsmonat!

b) Die Preisveränderung nach Paasche mit Juni als Basis- und Oktober als Berichtsmonat!

c) Die Preisveränderung von August bis Oktober nach Laspeyres!

d) Die Preisveränderung von August bis Oktober nach Paasche!

e) Welchen Preis hätte der Liter Diesel im Oktober haben müssen, damit sich nach dem Index von Paasche mit Juli als Basismonat bei unverändertem Konsumverhalten insgesamt kein Preisanstieg ergibt?

f) Wie viel Liter Super hätten im Juni getankt werden müssen, damit der Preisindex nach Laspeyres von Juni bis Oktober 1 ist?

1.5 Zeitreihen

1.5.1 Problemstellung

Bei einer zeitabhängigen Entwicklung von Datenmaterial spricht man von Zeitreihen. Zeitreihen können, wenn deren Entwicklung gewisse Regelmäßigkeiten aufweisen und nicht rein zufällig sind, besonders in der Ökonomie in mehrere Komponenten zerlegt werden:

Trend: Langfristige Entwicklung, meist darstellbar durch eine lineare Funktion, oder durch monoton steigende oder fallende Exponential-, Logarithmus- oder Polynomfunktionen.

Zyklus: Oft mehrjährige Schwankungen, deren Dauer nicht unbedingt regelmäßig ist.

Saison: Die Saisonkomponente ist wellenförmig mit regelmäßiger Periodizität.

Zufall: Alle möglichen irregulären Einflüsse, oder Störfaktoren, die glücklicherweise
                   nicht genau bestimmt werden können, deren Einfluss aber nicht zu groß sein
                   sollte, um eine einigermaßen vernünftige Zeitreihenanalyse, die zu annehmbar
                   zuverlässigen Prognosen führt, vornehmen zu können.

Trend und Zyklus werden zusammengefasst zur so genannten glatten Komponente. Um die
glatte Komponente einer Datenreihe beschreiben zu können, müssen die Daten, die normalerweise zickzackförmig auftreten, geglättet werden.

Beispiel 17:

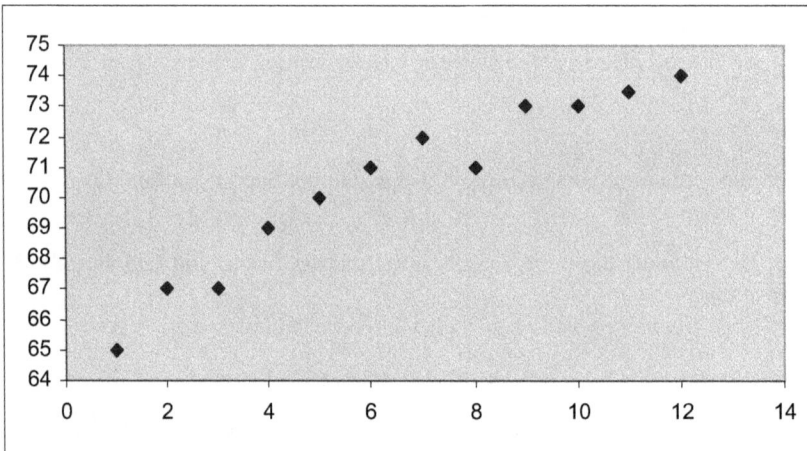

Abbildung 11: nicht geglättete Daten

Eine Art der – sehr radikalen – Glättung, die Regressionsgerade, haben Sie schon kennen
gelernt. Hierbei wird ein Punkteschwarm durch eine Gerade ersetzt. Voraussetzung für eine
sinnvolle lineare Regression ist allerdings ein linearer Zusammenhang. Der ist aber nicht
immer gegeben. Um die Tendenz von Werten besser zu erkennen, ist es manchmal angebracht, nicht ganz so radikal vorzugehen. Im Beispiel lässt der geglättete Graph eher vermu-
ten, dass der Trend kurvenartig verläuft, etwa so:

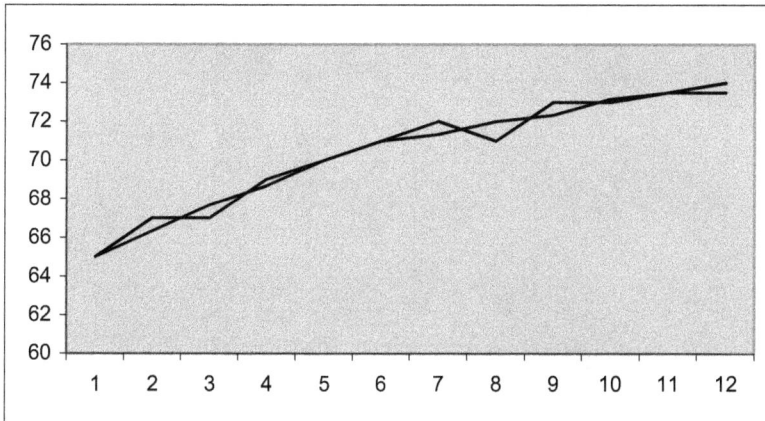

Abbildung 12: nicht geglättete und geglättete Daten

1.5.2   Die Methode der gleitenden Durchschnitte

Beispiel 18:

Gleitender Durchschnitt der dritten Ordnung:

Angenommen, Sie haben folgende 12 Daten:

x_i	3	5	4	6	8	4	6	5	7	3	2	7
x_i^*		4	5	6	6	6	5	6	5	4	4	

Die zweite Reihe ist der so genannte gleitende Durchschnitt 3. Ordnung. Er wird gebildet, indem Sie der mittleren Zahl der ersten drei Zahlen das arithmetische Mittel zuordnen; also $(3 + 5 + 4):3 = 4$. Dann ordnen Sie der mittleren Zahl der Zahlen 2 bis 4 das arithmetische Mittel zu: $(5 + 4 + 6):3 = 5$ und so weiter. Der ersten und der letzten Zahl können keine Werte zugeordnet werden. Die geglättete Reihe sieht dann so aus:

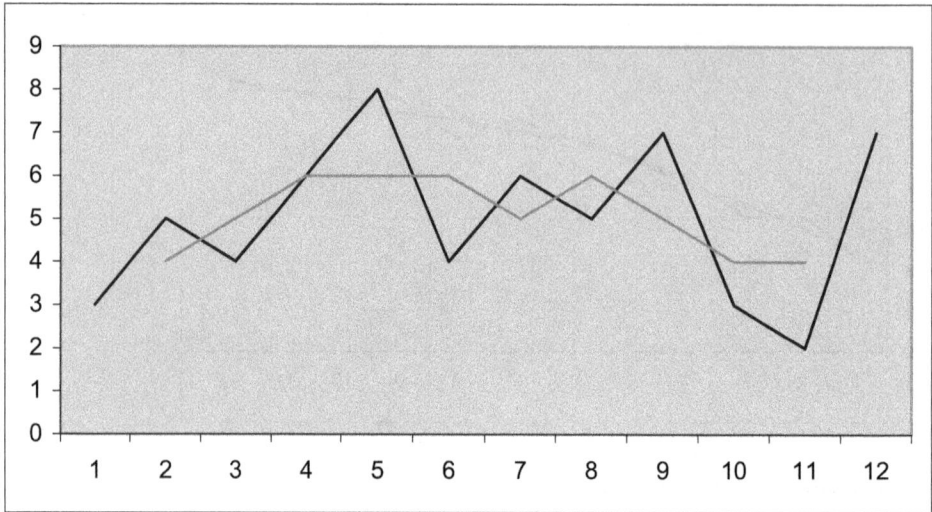

Abbildung 13: Gleitender Durchschnitt

Das ist eigentlich furchtbar einfach, aber als Formel sieht es sehr kompliziert aus:

1.5.2.1   Gleitender Durchschnitt ungerader Ordnung

$$x_t^* = \frac{1}{2k+1} \sum_{i=t-k}^{t+k} x_i \quad ; t = \{(k+1), \ldots (n-k)\} \tag{19}$$

Ungerader Ordnung bedeutet, 3., 5., 7. Ordnung usw.

2k + 1 steht für die ungeraden Zahlen. Der kleinste Durchschnitt ungerader Ordnung ist, wenn man von dem trivialen Fall Grad 1, was die unveränderte Datenreihe bedeuten würde, absieht, die 3. Ordnung. In diesem Fall ist k = 1. Wenn man bedenkt, dass das erste $x_i = x_1$ und damit das kleinste i = 1 ist, kann das kleinste t nur 2 sein.

$$x_2^* = \frac{1}{2 \cdot 1 + 1} \sum_{i=2-1}^{2+1} x_i$$

$$x_2^* = \frac{1}{3} \sum_{i=1}^{3} x_i = \frac{1}{3}(3+5+4) = 4$$

$$x_3^* = \frac{1}{3} \sum_{i=2}^{4} x_i = \frac{1}{3}(5+4+6) = 5$$

1.5.2.2   Gleitender Durchschnitt gerader Ordnung

Bei einer geraden Anzahl von Zahlen gibt es keine mittlere Zahl, der Sie die neue Zahl zuordnen können. Deshalb wird immer ein weiterer Wert dazu genommen, wobei die jeweils
ersten und letzten Werte halbiert werden.

$$x_t^* = \frac{1}{2k} \cdot (\frac{x_{t-k}}{2} + \frac{x_{t+k}}{2} + \sum_{i=t-(k-1)}^{t+(k-1)} x_i) \,, \ (k \in N) \tag{20}$$

Beispiel 19:

Gleitender Durchschnitt 4. Ordnung:

x_i	7	3	5	4	6	8	4	6	5	7	3	2
x_i^*			5,125	5,625	5,75	5,87	5,625	5,375	4,75	4,5		

$$x_3^* = \frac{1}{4} \cdot (\frac{3}{2} + 5 + 4 + 6 + \frac{8}{2}) = 5,125$$

$$x_4^* = \frac{1}{4} \cdot (\frac{5}{2} + 4 + 6 + 8 + \frac{4}{2}) = 5,625$$

Aufgaben:

26) Berechnen Sie für die folgende Datenreihe die gleitenden Durchschnitte 3., 4.,7. und
8. Ordnung!   5   7   5   9   12   8
    10   13   14   11   17   16

27) Berechnen Sie für den gleitenden Durchschnitt der 3. Ordnung noch einmal den gleitenden Durchschnitt der 3. Ordnung und stellen Sie die Datenreihe und die beiden
gleitenden Durchschnitte graphisch dar!

1.5.3   Exponentielles Glätten

Die Methode des exponentiellen Glättens ist noch nicht sehr alt, sie wurde Ende der 50 Jahre
von Brown vorgeschlagen (exponential smoothing).

Ist die Zeitreihe konstant, das heißt die Beobachtungsdaten bewegen sich um einen festen
Wert, ist das exponentielle Glätten erster Ordnung ein geeignetes Mittel um erstens die Zeitreihe zu glätten und zweitens mit relativ wenig Rechenaufwand einen Prognosewert zu erstellen. Dabei wird das mit $\alpha \in (0; 1)$ gewichtete arithmetische Mittel zwischen dem letzten
Beobachtungswert und dessen Prognosewert berechnet.

Ist die Zeitreihe mit einem Trend behaftet oder linear, das heißt, es geht bergauf oder bergab
oder beides, muss das exponentielle Glätten zweiter Ordnung angewendet werden.

1.5.3.1   Exponentielles Glätten erster Ordnung

Hier müssen Sie noch einmal unterscheiden zwischen Prognosewert und Glättungswert.

Der Glättungswert wird berechnet mit:

$$S_t = \alpha \cdot y_t + (1-\alpha) \cdot S_{t-1}, \tag{21}$$

mit: S_t = Glättungswert zum Zeitpunkt t

       y_t = Beobachtungswert zum Zeitpunkt t

       S_{t-1} = geglätteter Wert zum Zeitpunkt t - 1

       α = Glättungsparameter

Die Formel zur Berechnung des Prognosewertes lautet:

$$\hat{y}_{t+1} = \alpha y_t + (1-\alpha)\hat{y}_t, \tag{22}$$

mit: $\hat{y}_{t+1}$ = Prognosewert für den Zeitpunkt t + 1

       $\hat{y}_t$ = Prognosewert für den Zeitpunkt t

Der Wert für α richtet sich nach der jeweiligen Intention. Bei relativ kleinem α werden die aktuellen Werte schwächer berücksichtigt, der Glättungseffekt ist aber eher groß. Bei großem α werden die aktuellen Werte stärker berücksichtigt, das heißt, die Kurve reagiert schneller auf Trendänderungen, der Glättungseffekt ist aber eher gering. Generell gilt, alle früheren Werte gehen in die jeweilige Prognose ein, je älter ein Wert allerdings ist, desto weniger fällt er ins Gewicht.

Beispiel 20:

Eine Immobilienfirma hat in den ersten 3 Quartalen des Jahres y_t Häuser verkauft:

t	1	2	3	4
y_t	7	5	8	
$\hat{y}_t$				

Mit Hilfe der exponentiellen Glättung (α = 0,6) soll ein Prognosewert für das 4. Quartal bestimmt werden.

Für $\hat{y}_1$ wird meist y_1 übernommen.

$\hat{y}_2 = 0,6 \cdot 7 + 0,4 \cdot 7 = 7$

$\hat{y}_3 = 0,6 \cdot 5 + 0,4 \cdot 7 = 5,8$

$\hat{y}_4 = 0,6 \cdot 8 + 0,4 \cdot 5,8 = 7,12$

t	1	2	3	4
yt	7	5	8	
$\hat{y}_t$	7	7	5,8	7,12

1.5.3.2   Exponentielles Glätten 2. Ordnung

Da der neue Prognosewert das mit α gewogene arithmetische Mittel zwischen dem vorherge-
henden Beobachtungswert und dessen Prognosewert ist, muss er bei ansteigendem Trend
immer unter dem Trend liegen, bzw. dem Trend „nachhinken". Die folgende Abbildung zeigt
das Verhalten der geglätteten Kurve bei einsetzendem Aufwärtstrend:

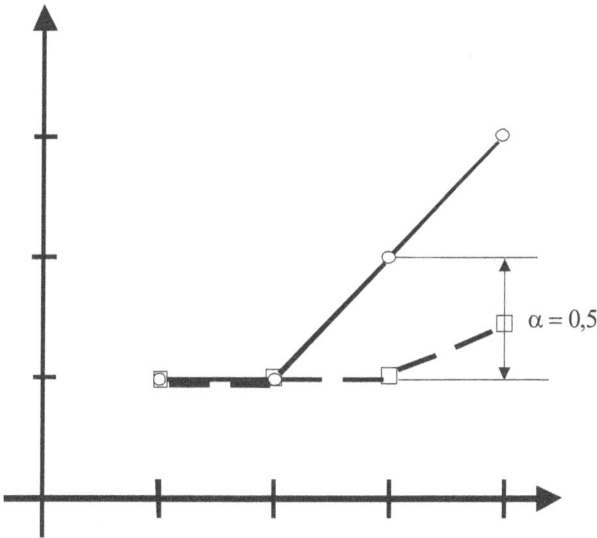

Abbildung 14: Verhalten der Prognosekurve bei einsetzendem Trend

Beispiel 21:

t	y_t	St
1	2,5	2,5
2	2,3	2,42
3	2,5	2,45
4	2,4	2,43
5	3,5	2,86
6	4,1	3,36
7	4,4	3,77
8	5	4,26
9	5,5	4,76
10	6	5,25

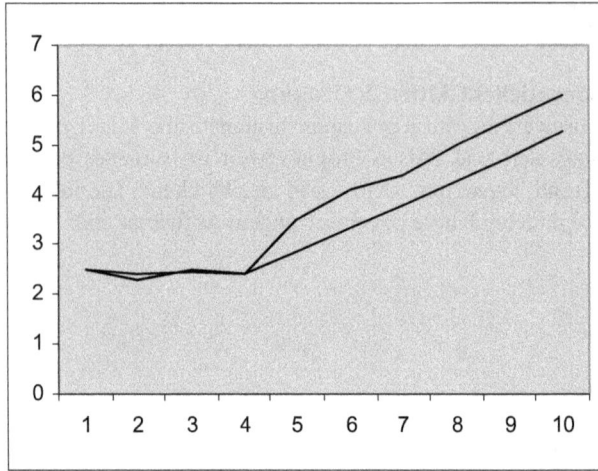

Abbildung 15: Beobachtete Werte und geglättete Werte

Abbildung 15 zeigt eine mit $\alpha = 0{,}4$ geglättete Kurve bei einer zunächst konstanten Daten-reihe mit plötzlich einsetzendem Trend. Es ist deutlich erkennbar, dass die geglättete Kurve in gleichmäßigem Abstand unter der Zeitreihe liegt. Durch das exponentielle Glätten zweiter Ordnung kann man diesen Abstand weitgehend ausschalten. Hierzu werden die mit S^1 be-zeichneten geglätteten Werte zunächst noch einmal geglättet (S^2):

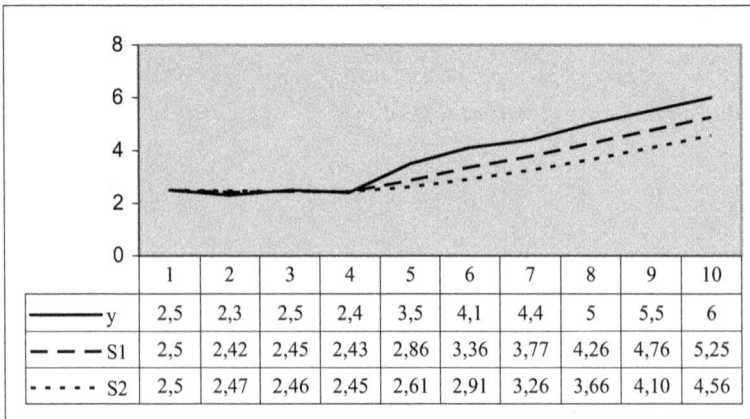

	1	2	3	4	5	6	7	8	9	10
y	2,5	2,3	2,5	2,4	3,5	4,1	4,4	5	5,5	6
S1	2,5	2,42	2,45	2,43	2,86	3,36	3,77	4,26	4,76	5,25
S2	2,5	2,47	2,46	2,45	2,61	2,91	3,26	3,66	4,10	4,56

Abbildung 16: Doppelt geglättete Werte

Der Einfachheit halber gehen wir von einer Datenreihe aus, die exakt auf einer Linie liegt. Dann bilden die geglätteten Werte S_t^1 und S_t^2 zwei zu der Datenreihe parallele Linien, die jeweils den gleichen Abstand haben. Ziel ist es, eine Prognoselinie zu finden, die möglichst genau mit der der Datenreihe übereinstimmt. Um von S_t^1 auf die ursprüngliche Datenreihe zu kommen, muss man zu S_t^1 den Abstand S_t^1-S_t^2 addieren. Die so erhaltenen Punkte werden mit a_t bezeichnet.

$$a_t = S_t^1 + S_t^1 - S_t^2$$

$$a_t = 2S_t^1 - S_t^2$$

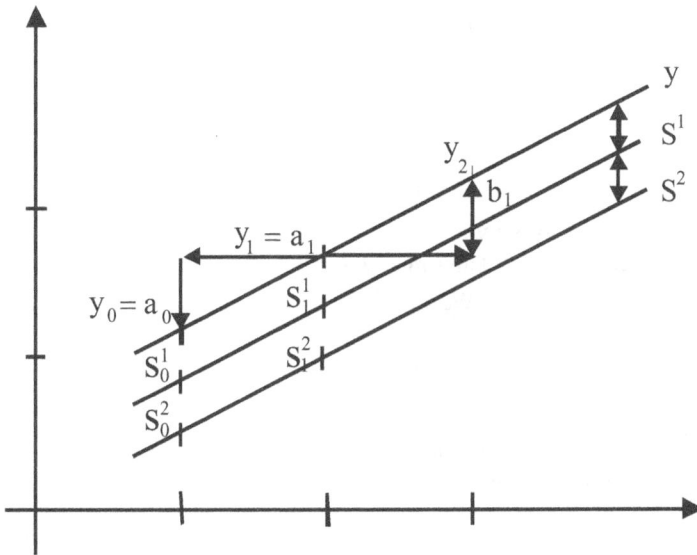

Abbildung 17: Berechnung der Prognosewerte durch Glättung 2. Ordnung

Da es bei der exponentiellen Glättung meistens um kurzfristige Prognosen geht, kann man ruhigen Gewissens von einem linearen Anstieg ausgehen. Der Prognosewert liegt dann auf der Geraden $a + b \cdot 1$ bzw. $\hat{y}_{t+\tau} = a_t + b_t \cdot \tau$.

Für b_t gilt: $b_t = \dfrac{\alpha}{1-\alpha}(S_t^1 - S_t^2)$. (Siehe etwa Mertens/Rässler, (2005), S. 28f)

Um Prognosewerte für Trend behaftete Zeitreihen zu finden, brauchen Sie demnach folgende Formeln:

$$S_t^1 = \alpha \cdot y_t + (1-\alpha) \cdot S_{t-1}^1 \quad \text{(Glätten der ursprünglichen Werte)}$$

$$S_t^2 = \alpha \cdot S_t^1 + (1-\alpha) \cdot S_{t-1}^2 \quad \text{(Glätten der geglätteten Werte)} \tag{23}$$

$$a_t = 2 \cdot S_t^1 - S_t^2 \quad \text{(sollte mit dem Wert } y_t \text{ weitgehend übereinstimmen)} \tag{24}$$

$$b_t = \frac{\alpha}{1-\alpha} \cdot \left(S_t^1 - S_t^2\right) \quad \text{(Steigung der Trendgeraden im Punkt } a_t) \tag{25}$$

Für den Prognosewert gilt dann:

$$\hat{y}_{t+1} = a_t + b_t \tag{26a}$$

beziehungsweise

$$\hat{y}_{t+\tau} = a_t + b_t \cdot \tau \tag{26b}$$

Es bleibt nur noch die Frage der Startwerte. Um S_1^1 bestimmen zu können, benötigt man S_0^1. Hier schlägt die Literatur verschiedene Wege vor. Für unser Beispiel, konstanter Beginn der Datenreihe und plötzlich einsetzender Trend, kann man wie beim exponentiellen Glätten 1. Ordnung für die Startwerte von S^1 und S^2 den Wert y_1 übernehmen.

Liegt von Anfang an ein Trend vor, kann man S_0^1 und S_0^2 wie folgt durch Rückwärtsrechnen ermitteln:

Man geht davon aus, dass die Werte y_0, y_1 und y_2 auf einer Geraden liegen. Dann liegen die geglätteten Werte S^1 und S^2 auf zu dieser Geraden parallelen Geraden (siehe Abbildung 17) und es gilt:

$$\hat{b}_0 = b_1 = y_2 - y_1 \tag{27}$$

Demzufolge ist

$$\hat{a}_0 = \hat{y}_0 = y_1 - \hat{b}_0. \tag{28}$$

Aufgabe:

°28)   Zeigen Sie, dass für S_0^1 und S_0^2 gilt:

$$S_0^1 = \hat{a}_0 - \frac{1-\alpha}{\alpha} \cdot \hat{b}_0 \tag{29}$$

$$S_0^2 = 2 \cdot S_0^1 - \hat{a}_0 \tag{30}$$

Ich möchte ausdrücklich darauf hinweisen, dass es noch andere Möglichkeiten gibt, die Startwerte zu bestimmen (Rinne/Specht, (2002) stellen einige vor), wenn aber α nicht zu klein gewählt wird, fallen eventuelle Abweichungen schon nach etwa 5 Werten nicht mehr ins Gewicht.

Das hier vorgestellte Verfahren der exponentiellen Glättung 2. Ordnung ist das Verfahren nach Brown. Das sollte erwähnt sein, weil es auch hier noch andere Verfahren gibt, etwa das nach Holt-Winters, das mit zwei Glättungsparametern arbeitet. (vgl. Mertens/Rässler, 2005)

Aufgaben:

29) Berechnen Sie für die folgende Zeitreihe die exponentiell geglätteten Werte erster und zweiter Ordnung mit $\alpha = 0,4$!

t	1	2	3	4	5	6	7	8	9	10
y_t	18	17	24	24	22	26	27	25	28	30

30) Bestimmen Sie für die folgende Zeitreihe einen Prognosewert für $t = 6$ mit $\alpha = 0,6$ durch exponentielles Glätten 2. Ordnung, indem Sie

a) für die Startwerte den y_1-Wert übernehmen,

b) die Startwerte durch Rückwärtsrechnen bestimmen!

t	1	2	3	4	5	6
y	53	59	66	70	73	

1.5.4   Saisonbereinigung

Saisonbereinigte Zahlen kennen Sie von der quartalsweise veröffentlichten Arbeitslosenstatistik. Deren Berechnung ist einfach, aber umständlich. Ich beschränke mich auf das additive Zeitreihenmodell mit konstanter Saisonfigur und versuche, den Algorithmus anhand relativ einfacher Beispiele deutlich zu machen. Es geht hierbei nicht um Prognosen, sondern um das Herausrechnen saisonbedingter Schwankungen (etwa höherer Arbeitslosenquote im Winter im Baugewerbe oder niedrigerer Verkaufszahlen von Wintersportartikeln im Sommer), der besseren Vergleichbarkeit halber.

Beispiel 22:

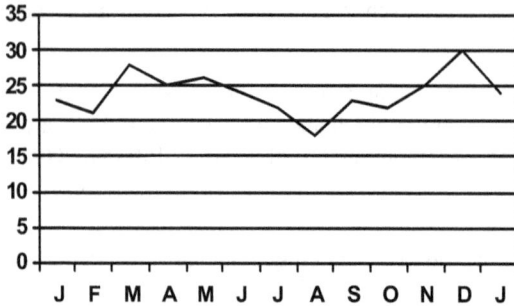

Abbildung 18: Saisonfigur

Die Grafik soll den Einzelhandelsumsatz über 13 Monate zeigen. Die Spitzen im März bzw. im Dezember sind verursacht durch Ostern und Weihnachten, der Einbruch im August durch die Urlaubszeit. Konstante Saisonfigur heißt, man geht davon aus, dass gleiche Monate gleiches saisontypisches Verhalten zeigen.

Das Prinzip der Saisonbereinigung ist folgendes: Zunächst bestimmt man mittels gleitender Durchschnitte (G_j) die so genannte glatte Komponente. Die Ordnung der gleitenden Durchschnitte richtet sich nach der Saisonanzahl während einer Zeitperiode. Wenn also die Schwankungen monatlich auftreten, 12. Ordnung, wenn sie quartalsweise auftreten, 4. Ordnung usw. Das bedeutet natürlich, dass man mehr als eine Zeitperiode zur Grundlage haben muss, denn von 4 Quartalswerten kann kein Durchschnitt der Ordnung 4 berechnet werden. Dann bestimmt man das arithmetische Mittel ($\tilde{S}_j$) der Differenzen zwischen den Beobachtungswerten y_j und den Werten der glatten Komponente G_j, wobei man davon ausgeht, dass positive und negative Abweichungen einander aufheben, die Summe der Abweichungen also Null ist. Wenn diese Summe der durchschnittlichen Abweichungen nicht Null ist, was meistens der Fall sein wird, müssen sie korrigiert werden. Nehmen wir an, die Summe der durchschnittlichen quartalstypischen Abweichungen betrage 6. Sie sollte aber 0 betragen. Also wird die 6 - gleichmäßig auf alle vier Quartale verteilt – von den durchschnittlichen Abweichungen subtrahiert. Das von $\tilde{S}_j$ zu subtrahierende Korrekturglied wäre in diesem Fall 1,5.

Zum Schluss werden die korrigierten saisontypischen Abweichungen ($\hat{S}_j$) von den Beobachtungswerten subtrahiert und man hat die saisonbereinigten Werte.

Beispiel 23:

Jahr	Quartal	Umsatz	G_j	Differenz
1	1	70	-	-
	2	110	-	-
	3	100	90	10
	4	70	93,75	-23,75
2	1	90	97,5	-7,5
	2	120	98,75	21,25
	3	120	97,5	22,5
	4	60	98,75	-38,75
3	1	90	100	-10
	2	130	102,5	27,5
	3	120	-	-
	4	80	-	-

Der besseren Übersicht halber kann man jetzt die Tabelle umdrehen:

Quartal		1	2	3	4
Jahr 1	Differenz	-	-	10	-23,75
2		-7,5	21,25	22,5	-38,75
3		-10	27,5	-	-
$\widetilde{S}_j$		-8,75	24,375	16,25	-31,25
$\widehat{S}_j$		-8,90625	24,21875	16,09375	-31,40625

$$\sum_{j=1}^{4}(\widetilde{S}_j) = -8,75 + 24,375 + 16,25 - 31,25 = 0,625 \neq 0$$

Die Summe der durchschnittlichen Abweichungen ist nicht Null, also musste $\widetilde{S}_j$ mit

$\dfrac{0,625}{4} = 0,15625$ korrigiert werden.

Jahr	Quartal	Umsatz y	$\widehat{S}_j$	saisonbereinigte Umsätze: y - $\widehat{S}_j$
1	1	70	-8,90625	78,91
	2	110	24,21875	85,78
	3	100	16,09375	83,91
	4	70	-31,40625	101,41
2	1	90	-8,90625	98,91
	2	120	24,21875	95,78
	3	120	16,09375	103,91
	4	60	-31,40625	91,41
3	1	90	-8,90625	98,91
	2	130	24,21875	105,78
	3	120	16,09375	103,91
	4	80	-31,40625	111,41

Aufgaben:

31) Ein Badebekleidungshersteller hat für den Absatz seiner Waren in den letzten 4 Jahren folgende Daten festgestellt (Absatz in 1000,- €):

Jahr	1		2		3		4	
Halbjahr	1	2	1	2	1	2	1	2
Absatz	35	72	41	68	40	73	39	74

Berechnen Sie die saisonbereinigten Absatzzahlen!

32) Ein Busunternehmen hat für gebuchte Auslandsbusreisen in den letzten drei Jahren folgende Quartalszahlen registriert:

Jahr	2005				2006				2007			
Quartal	1	2	3	4	1	2	3	4	1	2	3	4
Auslandsfahrten	42	64	68	53	38	58	67	40	40	72	75	46

Führen Sie eine Saisonbereinigung durch!

33) Das statistische Bundesamt veröffentlichte im Oktober 2008 folgende Arbeitslosenstatistik: (Auszug für den Zeitraum Januar 2006 bis Oktober 2008 – Arbeitslose mal 1000)

Jahr	2006	2007	2008
Januar	5010	4284	3659
Februar	5048	4247	3617
März	4977	4124	3507
April	4790	3976	3414
Mai	4538	3812	3283
Juni	4399	3687	3160
Juli	4386	3715	3210
August	4372	3705	3196
September	4237	3543	3081
Oktober	4084	3434	2997
November	3995	3378	
Dezember	4008	3406	

Berechnen Sie die saisonbereinigten Werte für das Jahr 2008!

1.6 Zusammenfassende Aufgaben zum ersten Kapitel

34) Ein Industrieunternehmen stellt die in den Jahren 1 bis 9 erzielten Umsätze (y) den Werbeaufwendungen (x) für diese Jahre gegenüber:

Jahr	Werbeaufwand	Umsatz
1	1,0	23
2	1,5	26
3	1,8	26
4	1,9	28
5	2,1	31
6	2,0	34
7	2,2	38
8	2,4	33
9	2,3	33

Berechnen Sie die Regressionsgerade und den Korrelationskoeffizienten!

35) Die nächsten 5 Aufgaben beziehen sich auf folgenden Datenauszug:
Anzahl, Anteilumlauf und Vermögen der inländischen Investmentfonds (Auszug „Publikumsfonds")

Jahr	gesamt	Geld	Rente	Aktien	gemischt	offen	Grundst.	Alter	Dach
1995	609	30	242	192	130	15	-	-	-
1996	652	35	257	210	135	15	-	-	-
1997	732	37	269	257	153	16	-	-	-
1998	805	39	262	296	160	17	-	31	-
1999	928	36	274	360	184	18	1	43	12
2000	1119	39	288	420	207	20	3	45	97
2001	1275	46	294	476	227	22	3	47	160
2002	1324	42	295	491	232	24	4	49	187

Quelle: Deutsche Bundesbank, Statistisches Beiheft zum Monatsbericht 2 Juli 2003, S. 52f

a) Berechnen Sie den durchschnittlichen prozentualen Jahreszuwachs der Publikums-fonds und prognostizieren Sie die Anzahl der Fonds im Jahre 2008 (natürlich ganzzahlig gerundet)!

b) Berechnen Sie das Lorenz'sche Konzentrationsmaß für das Jahr 1996!

c) Ermitteln Sie die Gleichung der Regressionsgeraden $y = a + bx$ der Gesamtent-wicklung von 1995 bis 2002! (Bezeichnen Sie dazu das Jahr 1995 mit 1 usw.!)

d) Prognostizieren Sie mit der unter c ermittelten Geraden die Anzahl der Publikums-fonds im Jahre 2008!

e) Welchen der unter a und d errechneten Prognosewerte halten Sie für realistischer? (Begründung)

36) In einer Klausur wurden folgende Punkte vergeben:

35 32 27 26 28 25 28 29 31 26 29 28 27 26
23 31 21 24 23 22 25 28 33 30 28 29 27

a) Bestimmen Sie Median, Modus und das arithmetische Mittel!

b) Teilen Sie die Messwerte in fünf Klassen auf und berechnen Sie das arithmetische Mittel der klassierten Daten!

c) Zeichnen Sie zu b ein Histogramm!

37) Die folgende Tabelle ist ein Auszug aus veröffentlichten Daten des Statistischen Bun-desamtes. Sie gibt die Zahl der lebend geborenen Kinder in der Bundesrepublik Deutschland für die Jahre 1966 bis 1975 an.

Jahr	Lebendgeborene
1966	1 318 303
1967	1 272 276
1968	1 214 968
1969	1 142 366
1970	1 047 737
1971	1 013 396
1972	901 657
1973	815 969
1974	805 500
1975	782 310

© *Statistisches Bundesamt, Wiesbaden, 2007*

a) Errechnen Sie eine Regressionsgerade!

b) Versetzen Sie sich in das Jahr 1975 und prognostizieren Sie mit dem Ergebnis von Aufgabe a die Zahl der lebend geborenen Kinder für das Jahr 1980!

c) Die tatsächliche Zahl für 1980: 865 789 Wie erklären Sie die Abweichung?

2   Kombinatorik

Die Kombinatorik ist eine wesentliche Grundlage zur Berechnung von Wahrscheinlichkeiten, wenn man vom Laplace`schen Wahrscheinlichkeitsbegriff ausgeht, der etwa so lautet: Wahrscheinlichkeit = (Anzahl der für die Fragestellung günstigen Ergebnisse):(Anzahl der überhaupt möglichen Ergebnisse). Um die Anzahl der günstigen und der möglichen Ergebnisse berechnen zu können, benötigen Sie die Mittel der Kombinatorik. Es gibt zwei Möglichkeiten: Sie können sich die Parameterverbindungen (mit/ohne Auswahl, mit/ohne Wiederholung...) und die dazugehörigen Formeln einprägen. Sie können sich aber auch für jede Formel eine typische Aufgabenstellung merken und dann bei der zu lösenden Aufgabe überlegen, zu welchem Typ sie gehört.

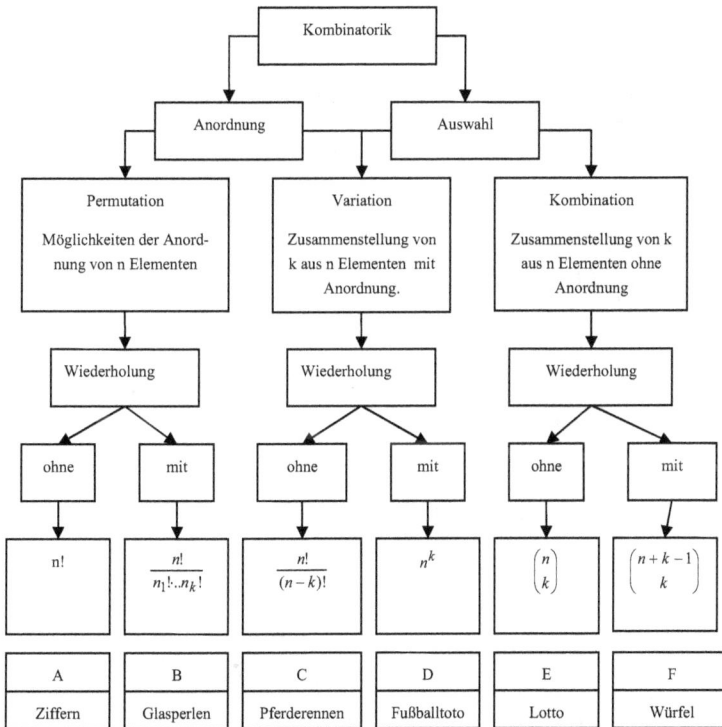

Abbildung 19: Übersicht über die Formeln der Kombinatorik

A (Ziffern):

Wie viele verschiedene neunstellige Zahlen kann man aus den Ziffern 1 – 9 bilden, wenn jede Ziffer nur einmal verwendet werden darf?

$$9! = 362\,880$$

B (Glasperlen):

Wie viele verschieden Möglichkeiten gibt es, 4 rote, 2 grüne und eine blaue Glasperle auf einen Faden zu fädeln?

$$\frac{7!}{4! \cdot 2! \cdot 1!} = 105$$

C (Pferderennen):

Wie viele Möglichkeiten des Zieleinlaufes beim Pferderennen gibt es, wenn es nur auf die ersten drei Pferde ankommt und 12 Pferde am Rennen teilnehmen?

$$\frac{12!}{(12-3)!} = 1320$$

D (Fußballtoto):

Beim Fußballtoto gibt es drei mögliche Ausgänge pro Spiel: Heimmannschaft gewinnt (1), verliert (2), oder es wird unentschieden gespielt (0). Sie müssen für 10 Spiele die Ausgänge voraussagen. Wie viele verschiedene Möglichkeiten gibt es?

$$3^{10} = 59049$$

E (Lotto):

Wie viele Möglichkeiten gibt es, 6 Zahlen aus 49 zu ziehen?
Keine Reihenfolge, keine Wiederholung:

$$\binom{49}{6} = 13983816$$

F (Würfel):

Wie viele verschiedene Würfe können bei drei Würfeln auftreten, wenn die Würfel gleichzeitig geworfen werden?
$n = 6$, $k = 3$ keine Anordnung, mit Wiederholung:

$$\binom{6+3-1}{3} = 56$$

Die Formeln für die Aufgabentypen A bis E sind leicht nachzuvollziehen, deshalb werden sie hier nicht kommentiert. Schwierigkeiten könnte es bei der Formel (F) geben. Zur Illustration:

Stellen Sie sich für die möglichen Augenzahlen 6 Felder vor, die jeweils durch senkrechte Striche voneinander getrennt sind.

$$a_1 / a_2 / a_3 / a_4 / a_5 / a_6$$

Für jede gewürfelte Augenzahl wird ein Kreuz in das zugehörige Feld gesetzt, die anderen Felder bleiben leer. Beispielsweise wäre die Kombination 2, 2, 5:

$$/++/ / /+/.$$

Die Kombination 1, 6, 6 ergäbe:

$$+/ / / / /++.$$

Sie haben also bei n (6) Feldern (n – 1) Trennstriche und k (3 Würfel) Kreuze. Insgesamt $(n + k - 1)$ Zeichen, für die es $\binom{n+k-1}{k}$ Kombinationen gibt.

Aufgaben:

38) Aus 6 Personen, die bei einer Wahl gleiche Stimmenzahlen erhalten haben, sollen vier durch Los in den Vorstand gewählt werden. Wie viele verschiedene Zusammensetzungen des Vorstandes sind möglich?

39) Bei einer Gesellschaft treffen sich m Personen. Jede drückt der anderen die Hand. Wie viele Händedrücke gibt es?

40) Auf einer Speisekarte stehen 3 Vorspeisen, 4 Hauptspeisen und 6 Nachspeisen. Wie viele verschiedene Menüs mit Vor-, Haupt- und Nachspeise lassen sich daraus zusammenstellen?

41) Auf einem Bahnhof sollen 4 gleichartige Gepäckwagen, 3 gleichartige Güterwagen und 6 gleichartige Personenwagen zu einem Zug zusammengestellt werden. Auf wie viele verschiedene Arten ist dies möglich?

42) Eine Firma hat 3 äußerlich nicht unterscheidbare Autos und 7 Garagenplätze. Auf wie viele Arten kann man die Autos auf die Garagenplätze stellen?

43) Bei einem Kombinationsschloss hat jeder der vier nebeneinander liegenden Ringe vier mögliche Einstellungen. Eine einzige Kombination öffnet das Schloss. Wie viele solcher Kombinationen gibt es?

44) Bei einer Prüfungsarbeit sind 5 Aufgaben zu lösen, 2 Aufgaben aus der Geometrie und 3 Aufgaben aus der Algebra. Aus der Geometrie sind 4 Aufgaben, aus der Algebra 6 Aufgaben zur Wahl gestellt. Wie viele Zusammenstellungen sind für die Prüfungsarbeit möglich?

3 Wahrscheinlichkeitsrechnung

Die Sage vom kühnen Recken und vom Stein am Wege

Ein kühner Recke gelangt auf seinem feurigen Hengst an eine Stelle, wo der Weg auf eine dreifache Gabelung stößt – ein Kreuzweg also. Weit und breit niemand, den man fragen könnte. Am Wege aber steht ein Stein mit einer Inschrift: „Reite nach rechts und du verlierst dein Pferd, reite geradeaus und du verlierst den Kopf, reite nach links und du wirst dich vor Gram verzehren!" Unser Reitersmann muss unter vier Möglichkeiten wählen; im modernen Sprachgebrauch formuliert: ihm stehen vier Verhaltensstrategien zur Verfügung.

Strategie Nr. 1:   *Den ersten Weg entlang reiten und möglicherweise das Pferd einbüßen.*

Strategie Nr. 2:   *Den zweiten Weg entlang reiten und möglicherweise um den Kopf kommen.*

Strategie Nr. 3:   *Den dritten Weg entlang reiten und sich womöglich zutiefst grämen.*

Strategie Nr. 4:   *Umkehren.*

Was sollte man in dieser Situation als richtige (optimale) Entscheidung bezeichnen? Wenn wenigstens eine dieser Möglichkeiten angenehme Perspektiven böte, etwa die Aussicht, einer Prinzessin zu begegnen, die geheiratet werden will. So aber: Was man auch tut, nichts als Ärger!

Doch unser braver Recke besitzt außer dem vorschriftsmäßigen Hengst, der Lanze, dem Schwert sowie Pfeil und Bogen noch gesunden Menschenverstand. Also strengt er sein Köpfchen an und kommt auf den Gedanken, dass er eine Entscheidung fällen muss, die ihm die geringsten Unannehmlichkeiten beschert. Damit hat er schon sehr viel gekonnt: Erstens hat er eine Entscheidungsvorschrift gewählt, er hat festgelegt, wie die bestmögliche Entscheidung zu fällen ist, und zweitens hat er entschieden, dass die beste Lösung ein Minimum von Unannehmlichkeiten zur Folge haben soll.

Nun muss er aber noch weiter festlegen, wie die Unannehmlichkeiten bei der Auswahl der einen oder anderen Möglichkeit quantitativ zu erfassen sind, d.h., er muss wissen, in welchen Einheiten man die Unannehmlichkeiten messen kann, und er muss weiter feststellen, wie viel Einheiten Unannehmlichkeiten jede der Möglichkeiten für ihn mit sich bringt.

Schön, denkt unser Held, wenn man der Inschrift des Steines glauben soll, dann gibt es in dieser Lage nur vier Möglichkeiten:

1. *das Pferd einbüßen, wenn man den ersten Weg entlang reitet,*

2. *den Kopf einbüßen, wenn man den zweiten Weg verfolgt,*

3. *Leid und Schmerz ertragen, wenn man den dritten Weg entlang reitet,*

4. *Schmach und Schande erleiden, wenn man umkehrt.*

„Ich werde den Verlust, den man mir zufügt", so denkt unser Held, „nach der Anzahl von Feinden messen, die ich dann nicht besiegen kann. Mein Hengst kann in einer Schlacht vier Feinde niedertrampeln. Sein Verlust bedeutet, dass ich vier Einheiten einbüße. Ich selbst kann mit sieben Feinden fertig werden. Infolgedessen beträgt mein Verlust, wenn ich den Kopf verliere, elf Einheiten (ohne mich wird mein Hengst die vier Feinde nicht überrennen)".

Leid wirkt verschieden auf die Menschen. Unser Held meint, er würde in diesem Falle unsicher werden, so dass er nur noch vier Feinde überwältigen könnte. Wählte er den dritten Weg, würde er also drei Einheiten verlieren.

Umkehr bedeutet Kleinmut, den Verlust des Prestiges und damit auch den Verlust der Ehre als Krieger. Das wäre für unseren Helden fast dem Verlust des Kopfes gleichzusetzen. Infolgedessen beträgt der Verlust auch hier elf Einheiten.

So hat unser wackerer Recke also seine Einbußen veranschlagt und zwar in der Annahme, dass der Stein die Wahrheit berichtet hat. Was aber, wenn der Stein gelogen hat? Dann werden die zu erwartenden Verluste andere Werte haben.

Die Erfahrungen unseres Helden sagen ihm, dass Steine, die als Wegweiser am Wege stehen, in Märchen üblicherweise die Gefahren übertreiben und dass man besonders gefährlich klingenden Inschriften allenfalls zur Hälfte Glauben schenken darf. Jetzt muss er sich also entscheiden, was er von der „steinernen" Botschaft zu halten hat.

Er denkt gehörig nach und entschließt sich, die Möglichkeit, dem Stein überhaupt keinen Glauben zu schenken, mit 0 und die Möglichkeit, dem Stein vollauf zu vertrauen, mit 1 zu bewerten. Alle dazwischen liegenden Werte bestimmen den Grad der „Wahrhaftigkeit" des Steines und geben uns die Möglichkeit, zu erfahren, wie zuverlässig die Voraussage eintrifft.

So bestimmt unser Held die Wahrhaftigkeit der ersten Strategie (Verlust des Hengstes) mit 0,6, die der zweiten (Verlust des Kopfes) mit 0,4, die der dritten (Leid) mit 0,9 und die der vierten (Umkehr) mit 1,0; denn das Prestige geht, wenn man Kleinmut zeigt, mit Sicherheit verloren.

Hier nähern wir uns nun dem wichtigsten Begriff, nämlich dem Risiko, das mit der Wahl einer optimalen Entscheidung verbunden ist.

*Die Größe des Risikos einer Entscheidung wird als der mögliche Verlust gekennzeich-
net, der durch diese Entscheidung eintreten kann, sowie durch die Wahrscheinlichkeit,
mit der dieser Verlust eintritt. Wenn es wenig wahrscheinlich ist, dass ein unerfreuli-
ches Ereignis eintritt, dann ist das Risiko klein. Es ist auch dann klein, wenn die
Wahrscheinlichkeit des Verlustes zwar groß, der Verlust selbst jedoch geringfügig ist.*

*Das Risiko ist das Ergebnis einer Multiplikation des Verlustes und der Wahrschein-
lichkeit, dass dieser Verlust eintritt.*

*Um sein Risiko zu ermitteln, muss unser Recke also den Verlust mit dessen Eintritts-
wahrscheinlichkeit multiplizieren. In der Tabelle sind nacheinander die Verluste, die
Wahrscheinlichkeiten und die Risiken aller vier Strategien angegeben, die unserem
Helden zur Verfügung stehen.*

Strategie	1	2	3	4
Verlust	4	11	3	11
Wahrscheinlichkeit	0,6	0,4	0,9	1
Risiko	2,4	4,4	2,7	11

*Tatsächlich können wir bei verringertem Risiko sicher sein, dass unser Verlust im Mit-
tel ebenfalls minimal ist. Das bedeutet keineswegs, dass der tatsächliche Verlust nicht
auch größer sein kann. Aber er kann eben auch kleiner sein als der mittlere Verlust.
Deshalb muss man mit dem mittleren zu erwartenden Verlust rechnen und diesen mi-
nimieren.*

*Damit reduziert sich die Auswahl des Weges auf die Ermittlung der Strategie mit mi-
nimalem Risiko. Diese Strategie ist im vorliegenden Fall die Strategie Nr. 1, also der
Weg nach rechts mit dem Risiko, den Hengst zu verlieren. Bei diesem Vorgehen handelt unser Krieger in der für ihn gegebenen Situation optimal und er setzt sich dem
minimalen Risiko aus. Dies bedeutet keineswegs, dass er nun drauf und dran ist, seinen Hengst zu verlieren, ganz und gar nicht. Es ist vielmehr so, dass er, ausgehend
von früheren Erfahrungen, den Hengst nur mit der Wahrscheinlichkeit 0,6 verliert und
dass ihm sein Vertrauen auf die eigenen Kräfte das Recht gibt, mit einem glücklichen
Ausgang zu rechnen.*

(leicht verändert und gekürzt aus: Leonhard A. Rastrigin, Zahl oder Wappen)

3.1   Wahrscheinlichkeiten nach Laplace

Wahrscheinlichkeiten spielen in der induktiven Statistik eine entscheidende Rolle. Deshalb
ist das Kapitel Wahrscheinlichkeitsrechnung in den meisten Lehrbüchern der induktiven
Statistik unmittelbar vorangestellt.

Für eine ganze Reihe von Verteilungen gibt es zur Berechnung der Wahrscheinlichkeiten mehr oder weniger komplizierte Formeln. Bei Verteilungen, die keinerlei Gesetzmäßigkeit erkennen lassen, gibt es die schon erwähnte Möglichkeit nach Laplace:

$$Wahrscheinlichkeit = \frac{Anzahl \quad der \quad günstigen \quad Ereignisse}{Anzahl \quad der \quad möglichen \quad Ereignisse}$$

Beispiel 24:

Würfeln mit einem Würfel (ein Wurf)
Wie groß ist die Wahrscheinlichkeit, eine Primzahl zu würfeln?

Lösung: Anzahl der günstigen Ereignisse: 3 (2;3;5)

               Anzahl der möglichen Ereignisse: 6

               P(Primzahl) = 3:6 = 0,5

Beispiel 25:

Wie groß ist die Wahrscheinlichkeit, mit zwei verschiedenen Tipps einen Sechser im Lotto zu gewinnen?

Lösung: günstige Ereignisse: 2

               mögliche Ereignisse: $\binom{49}{6} = 13983816$ $2 : 13983816 = 0,000000143$

3.2   Unabhängigkeit von Zufallsvariablen

Zwei Ereignisse A und B heißen stochastisch unabhängig, wenn gilt:

$$P(A \cap B) = P(A) \cdot P(B) \tag{31}$$

Beispiel 26:

A sei die Wahrscheinlichkeit, mit einem Würfelwurf eine Primzahl zu erhalten.

$A = \{2;3;5\}$

B sei die Wahrscheinlichkeit für eine gerade Zahl. $B = \{2;4;6\}$

$(A \cap B) = \{2\}$

$P(A) = 0,5; \quad P(B) = 0,5; \quad P(A \cap B) = \frac{1}{6} \quad P(A) \cdot P(B) = 0,25$

Beide Ereignisse sind stochastisch abhängig.

Die Wahrscheinlichkeit für $(A \cap B)$ ist nicht immer so leicht erkennbar wie in diesem Beispiel. Manchmal ist eine Mehrfeldertafel (oder Kontingenztabelle) hilfreich.

Beispiel 27:

36% aller Wahlberechtigten wählen eher konservativ. 30% aller Wahlberechtigten sind über 50 Jahre alt. 45% aller über 50-jährigen wählen konservativ.

Ereignis A: Der Wähler wählt konservativ.

Ereignis B: Der Wähler ist über 50.

	B	nicht B	
A	$(A \cap B)$ 0,162 (0,36*0,45)	$(A \cap \overline{B})$ 0,198 (0,36-0,162)	0,36
nicht A	$(\overline{A} \cap B)$ 0,138 (0,3-0,162)	$(\overline{A} \cap \overline{B})$ 0,502 (0,7-0,198)	0, 64
	0,3	0,7	1

$P(A) \cdot P(B) = 0,108$ $P(A \cap B) = 0,162$ → stochastisch abhängig.

Interpretation:

Das Wahlverhalten ist in gewissem Grad vom Alter abhängig. In diesem Fall ist die Wahrscheinlichkeit für eine konservative Wahl bei Wählern über 50 höher als bei jüngeren Wählern.

Beispiel 28:

Zunächst wird mit einem roten Würfel gewürfelt, dann mit einem blauen.

Ereignis A: Augenzahl 2 mit dem roten Würfel
Ereignis B: Augenzahl 2 mit dem blauen Würfel

	B	$\overline{B}$	
A	$(A \cap B)$ $\frac{1}{36}$	$(A \cap \overline{B})$ $\frac{5}{36}$	$\frac{1}{6}$
$\overline{A}$	$(\overline{A} \cap B)$ $\frac{5}{36}$	$(\overline{A} \cap \overline{B})$ $\frac{25}{36}$	$\frac{5}{6}$
	$\frac{1}{6}$	$\frac{5}{6}$	1

$P(A) \cdot P(B) = 1/36$ $P = 1/36$ → $(A \cap B)$ stochastisch unabhängig.

Die Interpretation ist die Binsenwahrheit, dass bei zwei idealen Würfeln der zweite Würfel sich nicht vom ersten Würfel beeinflussen lässt.

3.3   Bedingte Wahrscheinlichkeit

3.3.1   Der einfache Fall: zwei Zufallsereignisse

$$P(A|B) = \frac{P(A \cap B)}{P(B)} \text{ in einigen Lehrbüchern auch:} \tag{32a}$$

$$P_B(A) = \frac{P(A \cap B)}{P(B)} \tag{32b}$$

Beide Formeln sind zu lesen: Die Wahrscheinlichkeit für Ereignis A unter der Bedingung B.

Beispiel 29:

Ein idealer Würfel wird zweimal geworfen. Wie groß ist die Wahrscheinlichkeit dafür, dass der erste Würfel eine 6 zeigt, unter der Bedingung, dass die Augensumme mindestens 10 ist?

Lösung:

Ereignis A: Der erste Würfel zeigt eine 6
Ereignis B: Die Augensumme ist mindestens 10

Auch hier ist die Bestimmung $P(A \cap B)$ nicht so ohne Weiteres ersichtlich. Es hilft eine Grafik und die Wahrscheinlichkeit nach Laplace:

1. Würfel 2. Würfel	1	2	3	4	5	6
1	2	3	4	5	6	7
2	3	4	5	6	7	8
3	4	5	6	7	8	9
4	5	6	7	8	9	10
5	6	7	8	9	10	11
6	7	8	9	10	11	12

Die Augensumme (innere Felder der Tabelle) geht von 2 bis 12. Es ist leicht erkennbar, dass von 36 möglichen Feldern 6 die Augensumme 10 oder mehr haben. [P(B) = 6/36] Wenn der erste Würfel eine 6 gezeigt haben soll, bleiben nur noch 3 Felder übrig, nämlich 6 und 4, 6 und 5, 6 und 6. Also ist $P(A \cap B) = 3/36$

$$P(A|B) = \frac{P(A \cap B)}{P(B)} = \frac{\frac{3}{36}}{\frac{6}{36}} = 0,5$$

3.3.2   Der allgemeine Fall: mehr als zwei Zufallsereignisse Die Formel von Bayes

$$P(A_i|B) = \frac{P(A_i) \cdot P(B|A_i)}{\sum_{j=1}^{n} P(A_j) \cdot P(B|A_j)} \tag{33}$$

Beispiel 30:

In einer kleinen Privatbibliothek gibt es drei Sparten: Belletristik, Wissenschaft, und Lyrik. Der Anteil der zerfledderten Bücher liegt bei der Belletristik bei 0,2, bei der Wissenschaft bei 0,3 und bei der Lyrik bei 0,1. Insgesamt gibt es 700 belletristische Werke, 200 wissenschaftliche und 100 Bände mit Gedichten. Sie nehmen sich einen Band und bemerken, dass er zerfleddert ist. Mit welcher Wahrscheinlichkeit handelt es sich um ein wissenschaftliches Buch?

Lösung: Das Ereignis Z sei „zerfleddert", $\overline{Z}$ nicht zerfleddert.

B   = Belletristik
W   = Wissenschaft
L   = Lyrik

	Z	$\overline{Z}$	
B	$B \cap Z$ 0,14	$B \cap \overline{Z}$ 0,56	0,7
W	$W \cap Z$ 0,06	$W \cap \overline{Z}$ 0,14	0,2
L	$L \cap Z$ 0,01	$L \cap \overline{Z}$ 0,09	0,1
	0,21	0,79	1

Gesucht ist $P(W|Z)$: $P(W|Z) = \dfrac{P(W \cap Z)}{P(Z)}$

$$P(W \cap Z) = 0,06$$

$$P(Z) = P(B \cap Z) + (P(W \cap Z) + P(L \cap Z) = 0,21$$

$$P(W|Z) = \frac{0,06}{0,21} = 0,286$$

Wenn man in der Mehrfeldertafel aus diesem Beispiel den Ereignisraum „Literatur" in n disjunkte Ereignisse A_1, A_2, .. A_n zerlegt und für Z = B setzt, erhält man:

	B	$\overline{B}$	
A_1	$A_1 \cap B$	$A_1 \cap \overline{B}$	
A_2	$A_2 \cap B$	$A_2 \cap \overline{B}$	
.	...		
A_i	$A_i \cap B$	$A_i \cap \overline{B}$	
.	...		
A_n	$A_n \cap B$	$A_n \cap \overline{B}$	
	$P(B) = \sum\limits_{j=1}^{n} (A_j \cap B)$		

Somit wird $P(A_i|B)$ zu

$$P(A_i|B) = \frac{P(A_i \cap B)}{\sum\limits_{j=1}^{n} P(A_j \cap B)} . \tag{34}$$

Jetzt fehlt nur noch eine kleine Umformung bis zur endgültigen Formel: Wenn man die Formel $P(B|A_i) = \dfrac{P(A_i \cap B)}{P(A_i)}$ nach P $(A_i \cap B)$ auflöst, erhält man:

$P(A_i \cap B) = P(A_i) \cdot P(B|A_i)$. Ähnlich verfahren wir im Nenner:

$P(A_j \cap B) = P(A_j) \cdot P(B|A_j)$. Also ist die $\sum\limits_{j=1}^{n} P(A_j \cap B) = \sum\limits_{j=1}^{n} P(A_j) \cdot P(B|A_j)$. Zähler und

Nenner in (34) eingesetzt, erhält man: $P(A_i|B) = \dfrac{P(A_i) \cdot P(B|A_i)}{\sum\limits_{j=1}^{n} P(A_j) \cdot P(B|A_j)}$.

Aufgaben:

45)   In einem Studentenwohnheim leben 200 Studentinnen und Studenten. Das Verhältnis männlich : weiblich ist 3:5. Zwei Drittel der männlichen Studenten kommen aus den alten Bundesländern. Insgesamt kommen 80 StudentInnen aus den neuen Bundesländern. (Ausländische Studenten gibt es in diesem Wohnheim nicht.)
Mit welcher Wahrscheinlichkeit kommt eine Studentin aus den neuen Bundesländern?

46)   Prüfen Sie, ob die Ereignisse A (ein zufällig ausgewählter Student kommt aus den neuen Bundesländern) und B (ein zufällig ausgewählter Student ist männlich) stochastisch unabhängig sind!

47)   Auf einer internationalen Schule gibt es SchülerInnen aus Frankreich, Deutschland und Portugal. Es sind dreimal so viel Franzosen wie Deutsche an der Schule und die Zahl der Portugiesen übersteigt die der Franzosen um 100. Insgesamt gibt es 800 Schüler. Von den Franzosen sind 50% katholisch, 30% evangelisch und der Rest sind Atheisten. Von den Portugiesen sind 90% katholisch und 10% evangelisch. Unter den deutschen Schülern finden sich 30% Katholiken, 40% sind evangelisch und 30% atheistisch.
Mit welcher Wahrscheinlichkeit kommt ein Schüler, der katholisch ist, aus Deutschland?

3.4   Wahrscheinlichkeitsfunktion und Verteilungsfunktion diskreter Merkmale

In der deskriptiven Statistik haben Sie die Begriffe „relative Häufigkeit" und „aufsummierte relative Häufigkeit" kennen gelernt. In der Wahrscheinlichkeitsrechnung entspricht die Wahrscheinlichkeitsfunktion f(x) der relativen Häufigkeit, die Verteilungsfunktion F(x) entspricht der aufsummierten relativen Häufigkeit.

Beispiel 31:

Bei einem manipulierten Würfel erscheine die 1 in 10% aller Würfe, die 2, die 3 und die 4 in jeweils 15% aller Würfe, die 5 in 20% und die 6 in 25% aller Würfe.
Es ergeben sich folgende Wahrscheinlichkeits- und Verteilungsfunktion:

x	1	2	3	4	5	6
f(x)	0,1	0,15	0,15	0,15	0,2	0,25
F(x)	0,1	0,25	0,4	0,55	0,75	1

3.5   Parameter von Wahrscheinlichkeitsverteilungen

3.5.1   Der Erwartungswert E(X)

$$E(X) = \sum_{i=1}^{n} x_i \cdot f(x_i)$$ (35)

In unserem Beispiel:

$$E(X) = 1 \cdot 0{,}1 + 2 \cdot 0{,}15 + 3 \cdot 0{,}15 + 4 \cdot 0{,}15 + 5 \cdot 0{,}2 + 6 \cdot 0{,}25 = 3{,}95$$

3.5.2 Die Varianz Var(X)

$$Var(X) = \sum_{i=1}^{n} [x_i - E(x)]^2 \cdot f(x_i) \tag{36}$$

Im Beispiel:

$$Var(X) = (1 - 3{,}95)^2 \cdot 0{,}1 + (2 - 3{,}95)^2 \cdot 0{,}15 + (3 - 3{,}95)^2 + \ldots + (6 - 3{,}95)^2 \cdot 0{,}25 = 2{,}8475$$

Der Erwartungswert ist so etwas wie ein Mittelwert, die Varianz sagt etwas aus über die Streuung der einzelnen Ausprägungen um den Mittelwert. Kleiner Wert für Varianz, geringe Streuung. In der deskriptiven Statistik entspricht die mittlere quadratische Abweichung der Varianz.

3.5.3 Die Standardabweichung σ

Die Standardabweichung ist die Wurzel aus der Varianz, also:

$$\sigma = \sqrt{Var(X)} \tag{37}$$

In unserem Beispiel ist σ = 1,687.

3.5.4 Lineare Transformation von Zufallsvariablen

Es sei X eine Zufallsvariable mit bekanntem Erwartungswert und bekannter Varianz. Ferner sei Y eine Zufallsvariable, für die gilt: Y = a·X + b.

Dann ist

E(Y) = E(a·X + b) = a·E(X) + b und
Var(Y) = a^2·Var(X)

Beispiel 32:

Es sei X die Zufallsvariable für monatlich telefonierte Minuten, mit dem Erwartungswert 100 und der Varianz 15. Die Minute koste 0,05 €, die Grundgebühr betrage 30,-€. Dann sind die Kosten

K(X) = 0,05x + 30

E(K) $= 0,05 \cdot 100 + 30$

$\quad = 35 \ €$

Var(K)$= 0,05^2 \cdot 15$

$\quad = 0,0375$

3.5.5   Eigenschaften von Erwartungswert und Varianz

$$E(\sum X_i) = \sum E(X_i) \tag{38}$$

$$E(a \cdot X + b) = a \cdot E(X) + b \quad \text{(lineare Transformation)} \tag{39}$$

Für unabhängige Zufallsgrößen X, Y gilt:

$$E(X \cdot Y) = E(X) \cdot E(Y) \tag{40}$$

$$Var(X) = E(X^2) - (E(X))^2 \tag{41}$$

$$Var(a \cdot X + b)) = a^2 \cdot Var(X) \quad \text{(lineare Transformation)} \tag{42}$$

Sind $X_1, \dots X_n$ paarweise unabhängige Zufallsvariablen, dann gilt:

$$Var(\sum X_i) = \sum Var(X_i), \tag{43a}$$

insbesondere gilt:

$$Var(X - Y) = Var(X) + Var(Y) \tag{43b}$$

3.6   Wichtige Wahrscheinlichkeitsverteilungen

3.6.1   Verteilungen für diskrete Zufallsvariablen

3.6.1.1   Die Binomialverteilung (Ziehen mit Zurücklegen)
Beispiel 33:

In einer Urne seien 7 blaue und 3 rote Kugeln; bei dreimaligem Ziehen mit Zurücklegen ergeben sich folgende Wahrscheinlichkeiten für alle möglichen Elementarereignisse:

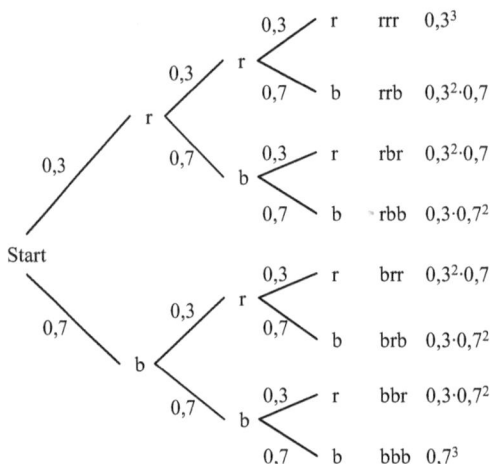

Abbildung 20: Baumdiagramm für Binomialverteilung

Gesucht ist die Wahrscheinlichkeit „genau zwei blaue Kugeln":

Lösung:

Die Wahrscheinlichkeiten entlang eines Pfades müssen multipliziert werden, alle Elementar-ereignisse, in denen genau zwei blaue und eine rote Kugel vorkommen, gehören zur Lösung. Deren Wahrscheinlichkeiten müssen addiert werden. Offensichtlich haben alle Pfade, in denen zwei blaue und eine rote Kugel vorkommen, die gleiche Wahrscheinlichkeit, nämlich $0{,}3 \cdot 0{,}7^2$. Bei einem dreistufigen Zufallsexperiment kann man die Anzahl der Pfade noch auszählen. In diesem Fall sind es drei; rbb, brb, bbr. Also ist die Lösung $3 \cdot 0{,}3 \cdot 0{,}7^2 = 0{,}441$

Schon bei 4- oder 5-maligem Ziehen bekommt man Platz- und Zeitprobleme, den Baum zu zeichnen. Angenommen, es soll 5-mal gezogen werden und blau soll genau zweimal vorkommen. Dann gibt es folgende Pfadmöglichkeiten.

b b r r r	r b r b r
b r b r r	r b r r b
b r r b r	r r b b r
b r r r b	r r b r b
r b b r r	r r r b b

Das sind genau 10, nämlich alle Möglichkeiten, zwei Mal b auf fünf Plätze zu verteilen. Als

Formel: $\binom{5}{2}$. Jetzt sind wir in der Lage, eine allgemeine Formel für die Binomialverteilung aufzustellen. Es sei p die Wahrscheinlichkeit für blau, q die Wahrscheinlichkeit für rot, n die Anzahl der Ziehungen und x die Anzahl der blauen Kugeln, dann ergibt sich die Wahrschein-lichkeit $\binom{n}{x} \cdot p^x \cdot q^{1-x}$. Da es bei der Binomialverteilung immer nur zwei Möglichkeiten gibt, rot oder blau, ja oder nein usw. müssen die Wahrscheinlichkeiten p + q genau 1 ergeben, somit ist q = (1 – p) und die Formel wird zu

$$B(n; p; x) = \binom{n}{x} \cdot p^x \cdot (1-p)^{1-x} \tag{44}$$

B(n;p;x) steht für Binomialverteilung mit den Parametern n und p.
Die Binomialverteilung hat den Erwartungswert

$$E(X) = n{\cdot}p \tag{45}$$

und die Varianz

$$Var(X) = n{\cdot}p{\cdot}(1\text{-}p). \tag{46}$$

Beispiel 34:

Ein Vertriebsbeauftragter bekomme bei seinen Stammkunden mit einer Wahrscheinlichkeit von 80 % einen Auftrag pro Besuch. Wie viele Stammkunden muss er wenigstens besuchen, um mit einer Wahrscheinlichkeit von mehr als 99,9 % wenigstens einen Auftrag zu bekom-men? (Dieser Aufgabentyp ist ein Klassiker.)

Lösung: A = Auftrag P(A) = 0,8   K = kein Auftrag P(K) = 0,2

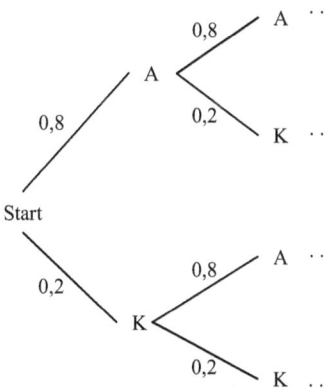

Was darf nicht passieren? Er darf nicht keinen Auftrag bekommen. Das heißt:

$P(K)^n < 0,001$

$\Leftrightarrow 0,2^n < 0,001$

$\Leftrightarrow n \cdot \ln(0,2) < \ln(0,001)$

$\Leftrightarrow n > 4,29 \Rightarrow n = 5$

Beachten Sie bitte, dass wir im 3. Schritt durch $\ln(0,2)$ geteilt haben. $\ln(0,2)$ ist eine negative Zahl, also musste das Ungleichheitszeichen umgedreht werden.

3.6.1.2   Die hypergeometrische Verteilung (Ziehen ohne Zurücklegen)
Beispiel 35:

7 blaue und 3 rote Kugeln, zweimaliges Ziehen:

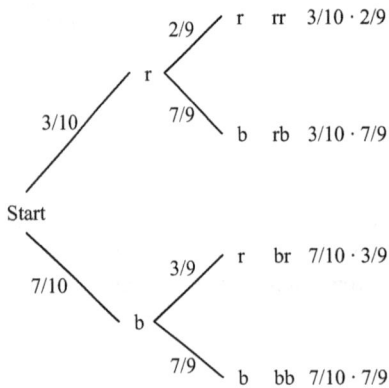

Abbildung 21: Baumdiagramm für die hypergeometrische Verteilung

Gesucht ist die Wahrscheinlichkeit „genau eine rote Kugel":

Lösung: $P = \frac{3}{10} \cdot \frac{7}{9} + \frac{7}{10} \cdot \frac{3}{9} = 0,467$

Allgemein:

$$H(N;K;n;x) = \frac{\binom{K}{x} \cdot \binom{N-K}{n-x}}{\binom{N}{n}}$$

(47)

N = Menge von Elementen (hier: n = 10 Kugeln)
n = Umfang der Stichprobe (2)
K = K Elemente der Grundgesamtheit besitzen eine bestimmte Eigenschaft (K = 3; drei rote
    Kugeln)
x = Menge der Elemente mit der gesuchten Eigenschaft innerhalb der Stichprobe (x = 1)

Beispiel 36:

Wie groß ist die Wahrscheinlichkeit, mit einem Tipp einen Vierer im Lotto zu gewinnen?

Lösung:

N = 49; n = 6; K = 6 (nämlich die Kugeln mit der Eigenschaft, die richtige Zahl zu tragen);
x = 4

$$H(49;6;6;4) = \frac{\binom{6}{4} \cdot \binom{43}{2}}{\binom{49}{6}}$$

Zur Herleitung: Wahrscheinlichkeit nach Laplace: Anzahl der günstigen Ereignisse:
Aus 6 richtigen Kugeln müssen 4 gezogen werden und aus 43 „falschen" 2 (Zähler).
Anzahl der möglichen Ereignisse: 6 Kugeln aus 49 (ohne Wiederholung, ohne Reihenfolge)
(Nenner).

Noch eine Eselsbrücke: Im Zähler ergeben die beiden oben stehenden Zahlen addiert die
obere Zahl im Nenner und die beiden unten stehenden Zahlen addiert die untere Zahl im
Nenner.

3.6.1.3   Die Poisson-Verteilung

Die Poisson-Verteilung gilt als Verteilung der „seltenen Ereignisse". Wenn nämlich bei einem Zufallsexperiment, dem die Binomial-Verteilung zu Grunde liegt, die Wahrscheinlichkeit p für das Eintreten eines bestimmten Ereignisses sehr klein, die Anzahl der durchgeführ-
ten Experimente n dagegen sehr groß ist, kann die Binomialverteilung durch die Poisson-
Verteilung angenähert werden. Die Formel für die Poisson-Verteilung ergibt sich aus der
Binomialverteilung, wenn man den Grenzwert $\lim\limits_{n\to\infty}\binom{n}{k} \cdot p^k \cdot (1-p)^{n-k}$ bildet und n·p = λ

konstant hält. Für Interessierte sei verwiesen auf: Jochen Schwarze, Statistik Grundkurs,
Kurseinheit 8, Fernuniversität Hagen, 1984.

Die Poisson-Verteilung oder P(λ)-Verteilung hat folgende Wahrscheinlichkeitsfunktion:

$$f(x) = \begin{cases} \frac{\lambda^x}{x!} \cdot e^{-\lambda}, & \text{für} \quad x = 0,1,2,... \\ \\ 0 & , \quad \text{sonst} \end{cases} \quad , \text{mit } \lambda = np \qquad (48)$$

Für n ≥ 50, p ≤ 0,1 und np ≤ 10 ist die Poisson–Verteilung eine genügend genaue Annäherung an die Binomialverteilung.

Beispiel 37:

Auf einem bestimmten Autobahnabschnitt fahren 3 % der Autos zu schnell. Wie groß ist die Wahrscheinlichkeit, dass von 200 kontrollierten Autos

a)   genau 5

b)   weniger als 3 zu schnell fahren?

Lösung:

Binomialverteilung: n = 200, p = 0,03, x = 5 bzw. x < 3

a) $P(x=5) = \binom{200}{5} \cdot 0,03^5 \cdot 0,97^{195} = 0,16225$

b $P(x<3) = \binom{200}{0} \cdot 0,03^0 \cdot 0,97^{200} + \binom{200}{1} \cdot 0,03^1 \cdot 0,97^{199} + \binom{200}{2} \cdot 0,03^2 \cdot 0,97^{198} \approx 0,059$

Poisson-Verteilung: n > 50, p < 0,1 und np = 6 < 10, also sollte die Poisson-Verteilung eine ausreichende Approximation bieten:

a) $P(x=5) \approx f(5) = \frac{6^5}{5!} \cdot e^{-6} = 0,1606$

b) $P(x<3) \approx f(0) + f(1) + f(2) = \frac{6^0}{0!} \cdot e^{-6} + \frac{6^1}{1!} \cdot e^{-6} + \frac{6^2}{2!} \cdot e^{-6} = 0,062$

Sie sehen, die Abweichungen betragen wenige Tausendstel.

Für die aufsummierten Werte, also x mindestens oder höchstens ein bestimmter Wert, gibt es sowohl für die Binomial- als auch für die Poisson-Verteilung Tabellen.

Aufgaben:

48)   Berechnen Sie die Wahrscheinlichkeit, mit einem idealen Würfel mit 5 Würfen genau 3 mal die 6 zu würfeln!

49)   In einer Produktionsserie von 20 Stück seien 10 Produkte Ausschuss. Berechnen Sie die Wahrscheinlichkeit, in einer Stichprobe vom Umfang 5 (ohne Zurücklegen) zwei fehlerhafte Produkte zu finden!

50)   In jedem 7. Überraschungsei ist ein blauer Elefant. Wie viele Überraschungseier müsste ein Vater mindestens kaufen, um mit einer Wahrscheinlichkeit von mehr als 99 % mindestens einen blauen Elefanten zu finden?

51)   Von 30 000 Briefen, die ein Briefzustelldienst pro Tag befördert, werden durchschnittlich 7 fehlgeleitet. Wie hoch ist die Wahrscheinlichkeit, dass pro Tag 17 Briefe fehlgeleitet werden?

52)   Ein Elf-Meter-Spezialist verwandele mit der Wahrscheinlichkeit p einen Elf-Meter
      in ein Tor. Für welches p ist die Wahrscheinlichkeit, dass er von 4 Schüssen 2 oder 3
      verwandelt, maximal?

3.6.2   Verteilungen stetiger Zufallsvariablen

3.6.2.1   Dichtefunktion und Verteilungsfunktion
Typische stetige Merkmale sind Zeit, Gewicht, Länge .., kurz alle Größen, die nicht nur einzelne Werte, sondern auch alle Zwischenwerte annehmen können.

Bei den diskreten Zufallsvariablen gibt es die Wahrscheinlichkeitsfunktion, die jeder Ausprägung ihre Wahrscheinlichkeit zuordnet, und die Verteilungsfunktion, das ist die aufsummierte
Wahrscheinlichkeitsfunktion.

Bei stetigen Größen entspricht die Dichtefunktion der Wahrscheinlichkeitsfunktion.

Wichtig:

Der Natur stetiger Größen gemäß können Wahrscheinlichkeiten nicht mehr einzelnen Werten
zugeordnet werden, sondern nur noch Intervallen. Die Fläche unter dem Graphen der Dichtefunktion in einem solchen Intervall entspricht dann der Wahrscheinlichkeit, mit der ein zufäl-
liger Wert eben in dieses Intervall fällt.

Beispiel 38:

Eine Maschine produziert Nägel, die 5cm lang sein sollen. In einem solchen Fall kann man
nur die Wahrscheinlichkeit angeben, dass ein zufällig ausgewählter Nagel etwa zwischen 4,9
und 5,1 cm lang ist. Die Wahrscheinlichkeit, dass ein zufällig ausgewählter Nagel genau 5
cm lang ist, ist 0, denn 5 cm bedeutet 5, 0000 ...... mit unendlich vielen Nullen. Die Fläche
unter der Dichtefunktion ginge in diesem Fall von der Untergrenze 5 bis zur Obergrenze 5.
Die Fläche mutiert zum Strich, dessen Flächeninhalt 0 ist.

Die Verteilungsfunktion entspricht den aufsummierten Flächen. Wie bei diskreten Merkmalen gilt auch für stetige: die Summe aller möglichen Wahrscheinlichkeiten ist 1. Das heißt in
diesem Fall, der Flächeninhalt unter der Dichtefunktion von - ∞ bis + ∞ ist 1.

3.6.2.2   Parameter von stetigen Verteilungen
Erwartungswert:

$$E(X) = \int_{-\infty}^{\infty} x \cdot f(x)dx \qquad (49)$$

Beispiel 39:

Gegeben sei folgende Dichtefunktion: $f(x) = \begin{cases} 2x, & \text{für } 0 \leq x \leq 1 \\ 0, & \text{sonst} \end{cases}$

$$E(X) = \int_0^1 x \cdot 2x \, dx = \left| \tfrac{2}{3} x^3 \right|_0^1 = \tfrac{2}{3}$$

Varianz (σ^2)

$$Var(X) = \sigma^2 = \int_{-\infty}^{\infty} [x - E(X)]^2 \cdot f(x) dx \qquad (50)$$

Beispiel 40:

Berechnung der Varianz für die Dichtefunktion aus Beispiel 39:

$$Var(X) = \int_{-\infty}^{\infty} [x - E(X)]^2 \cdot f(x) dx$$

$$Var(X) = \int_0^1 [x - \tfrac{2}{3}]^2 \cdot 2x \, dx = \int_0^1 (2x^3 - \tfrac{8}{3} x^2 + \tfrac{8}{9} x) dx = \left| \tfrac{1}{2} x^4 - \tfrac{8}{9} x^3 + \tfrac{4}{9} x^2 \right|_0^1 = \frac{1}{18}$$

Standardabweichung (σ)

$$\sigma = \sqrt{Var(X)} \qquad (51)$$

3.6.3 Wichtige Verteilungen stetiger Zufallsvariablen

3.6.3.1 Die Gleichverteilung

Eine stetige Zufallsvariable, die in allen gleich langen Intervallen von der Untergrenze bis zur Obergrenze die gleiche Wahrscheinlichkeit hat, ist gleichverteilt.

Beispiel 41:

Jemand kommt an eine Bushaltestelle, von der er nur weiß, dass der Bus alle 10 Minuten fährt. Dann muss er mindestens 0 und höchstens 10 Minuten warten. Alle gleich langen Intervalle in diesem Bereich haben die gleiche Wahrscheinlichkeit. Die Wahrscheinlichkeit für x < 0 oder x > 10 ist gleich 0. Die Fläche unter der Dichtefunktion ist 1, also ist die Dichtefunktion im Intervall 0 – 10 eine Gerade in der Höhe 0,1.

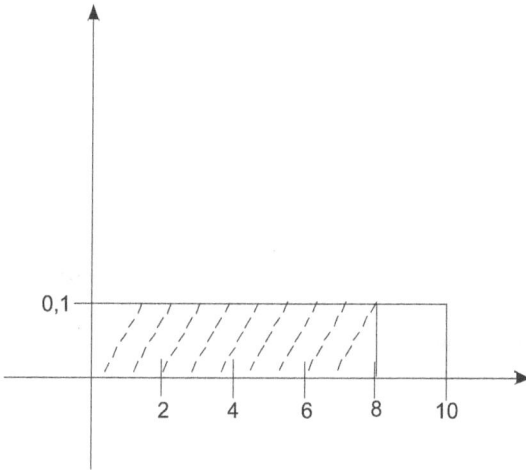

Abbildung 22: Gleichverteilung

In diesem Beispiel ist die Wahrscheinlichkeit, dass der Mann bis zu 8 Minuten warten muss, 0,8.
Sind a und b Unter- bzw. Obergrenze des definierten Intervalls, so gilt für die Gleichverteilung:

Dichtefunktion:

$$f(x) = \begin{cases} \dfrac{1}{b-a}, & \text{für} \quad a \leq x \leq b \\ 0, & \text{sonst} \end{cases} \tag{52}$$

Verteilungsfunktion:

$$F(x) = \begin{cases} 0, & \text{für} \quad x < a \\ \dfrac{x-a}{b-a}, & \text{für} \quad a \leq x \leq b \\ 1, & \text{für} \quad x > b \end{cases} \tag{53}$$

Erwartungswert:

$$E(X) = \dfrac{a+b}{2} \tag{54}$$

Varianz:

$$Var(X) = \frac{(b-a)^2}{12} \qquad\qquad (55)$$

3.6.3.2   Die Normalverteilung N(μ;σ)

Die wohl wichtigste unter den Verteilungen stetiger Größen ist die Normalverteilung. Bei dieser Verteilung ist die Wahrscheinlichkeit, dass die x-Werte im Bereich um einen bestimmten Erwartungswert liegen, am höchsten. Im Beispiel mit der Nagel-Maschine ist dieser Mittelwert 5 und bei einer guten Maschine sollte man davon ausgehen, dass die allermeisten Nägel etwa 5 cm lang sind. Die Normalverteilung ist eine symmetrische Kurve mit dem Hochpunkt im Erwartungswert.

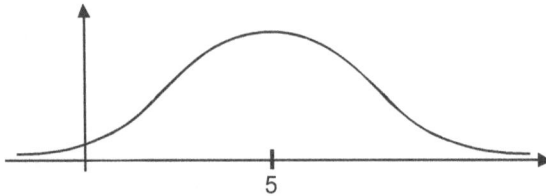

Abbildung 23: Normalverteilung mit μ = 5

Die Normalverteilung ist abhängig von zwei Parametern:

1.   Dem Erwartungswert (μ)
2.   Der Standardabweichung (σ)

Der Erwartungswert hängt natürlich von der jeweiligen Problemstellung ab, er bestimmt, wo die Kurve ihren Hochpunkt hat.

Die Form wird bestimmt von der Symmetrie, dem Fakt, dass der Flächeninhalt insgesamt 1 sein muss und dem Abstand der beiden Wendepunkte vom Hochpunkt. Da die ersten beiden Faktoren feststehen, ist die Form der Kurve nur noch abhängig vom Abstand der Wendepunkte vom Hochpunkt. Dieser Abstand entspricht der Standardabweichung σ. Die Standardabweichung kennen Sie schon aus Kapitel 1.2.1 der deskriptiven Statistik. Sie wird in der deskriptiven Statistik mit „s" bezeichnet, in der Wahrscheinlichkeitsrechnung und der induktiven Statistik mit σ. Kleiner Wert für Sigma bedeutet, die allermeisten Werte konzentrieren sich um den Mittelwert (gute Maschine), großer Wert für Sigma, die Werte sind weit gestreut (schlechte Maschine).

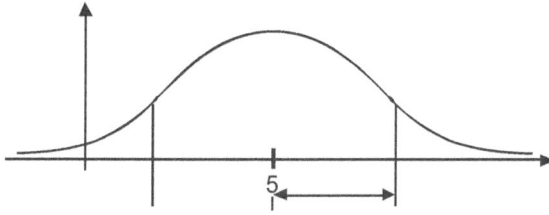

Abbildung 24: Abstand des Wendepunktes von μ

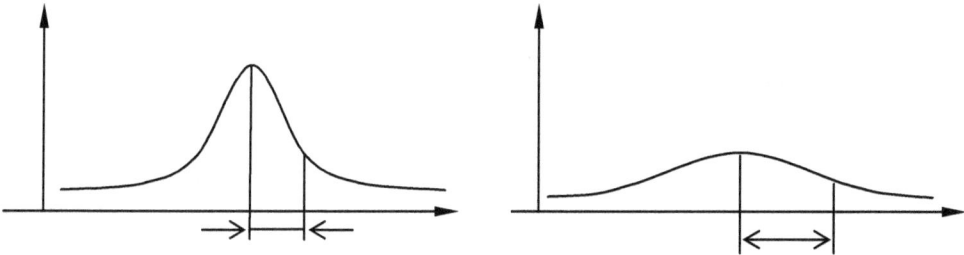

Abbildung 25: Normalverteilung mit kleiner Standardabweichung (links) und großer (rechts)

Die Formel für die Dichtefunktion geht auf Carl Friedrich Gauß (1777-1855) zurück.
Dichtefunktion der Normalverteilung:

$$\varphi(x) = \frac{1}{\sigma \cdot \sqrt{2\pi}} e^{-\frac{1}{2}\left(\frac{x-\mu}{\sigma}\right)^2} \qquad (56)$$

Leider sind die Werte der Dichtefunktion relativ uninteressant. Die gesuchten Wahrscheinlichkeiten werden ja durch die Fläche unterhalb der Kurve repräsentiert. Wegen der Kompliziertheit, diese Funktion zu integrieren, sind die Flächeninhalte vertafelt. Da die Dichtefunktion von den Parametern μ und σ abhängt, es aber unendliche viele μ`s und σ`s gibt, müsste es auch unendlich viele Tabellen geben. Dieses Problem wurde gelöst, indem man die Normalverteilung standardisierte, mit den Parametern μ = 0 und σ = 1. Wenn Sie also eine Aufgabe zur Normalverteilung lösen müssen und ein Tafelwerk verwenden, müssen Sie die x-Werte der Normalverteilung zunächst in die x – Werte der Standardnormalverteilung umrechnen. Das geschieht mit der Formel:

$$z = \frac{x-\mu}{\sigma} \qquad (57)$$

z ist hierbei der x-Wert der Standardnormalverteilung. Er wurde nur z genannt, um ihn vom x der Normalverteilung zu unterscheiden. (In manchen Werken werden Sie auch y oder einen anderen Buchstaben finden, Sie müssen nur wissen, was gemeint ist.)

3.6.3.3   Die Standardnormalverteilung N(0;1)

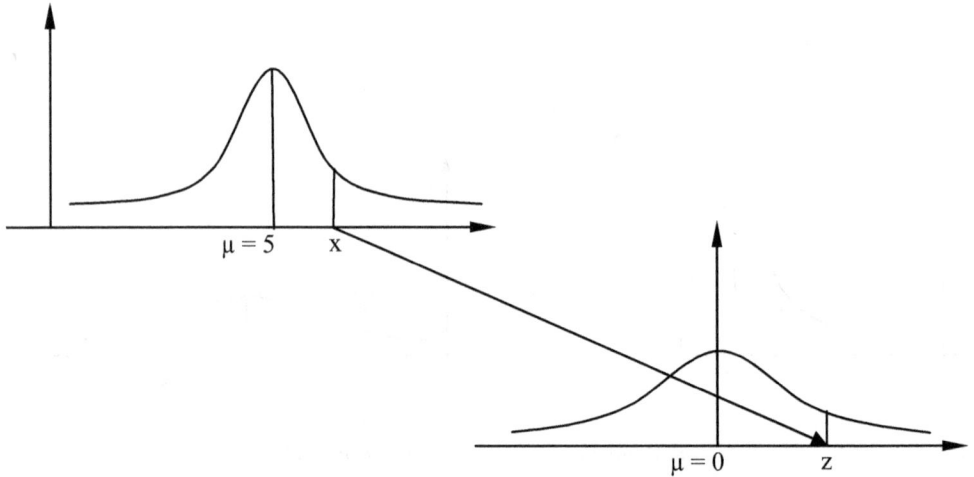

Abbildung 26: Transformation der Normalverteilung in die Standardnormalverteilung

Eigenschaften der Standardnormalverteilung:

– Die Fläche von -∞ bis +∞ ist 1.
– Der Flächeninhalt entspricht der Stammfunktion der Dichtefunktion φ, wird also traditionsgemäß mit Großbuchstaben $\Phi(z)$ oder $\Phi(x)$ bezeichnet.
– Die Kurve ist symmetrisch zur φ-Achse.
– Aus der Symmetrie folgt, dass die Fläche von -∞ bis 0 gleich 0,5 ist.
– Aus der Tatsache, dass die Gesamtfläche 1 ist, folgt, dass die Fläche von z bis ∞ gleich 1 – der Fläche von -∞ bis z ist.
– Aus der Symmetrie folgt weiterhin, dass die Fläche von -∞ bis –z gleich der Fläche von z bis ∞ ist.

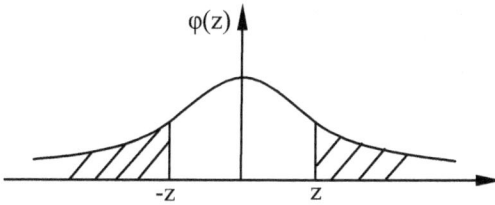

Abbildung 27: Schraffierte Flächen sind gleich groß

Vertafelt sind nur die Werte für $z \geq 0$. Das heißt, für negative z-Werte und für Flächen von z bis ∞ muss man sich die Symmetrieeigenschaften zunutze machen und ein bisschen herumrechnen.

Beispiel 42:

Bei unserer Nagel-Maschine aus Beispiel 38 sei $\sigma = 0,8$, μ ist immer noch 5. Wie groß ist der Anteil der Nägel, die zwischen 4,8 und 5,1cm lang sind?

Lösung:

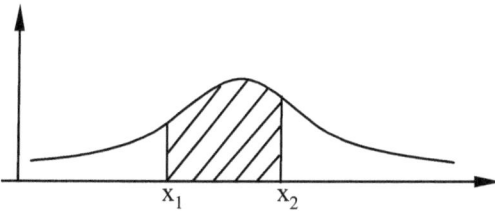

Abbildung 28: Schraffierte Fläche entspricht dem gesuchten Anteil

$$x_1 = 4,8 \to z_1 = \frac{4,8-5}{0,8} \to z_1 = -0,25$$

$$x_2 = 5,1 \to z_2 = \frac{5,1-5}{0,8} \to z_2 = 0,125$$

Für die gesuchte Fläche muss man die Fläche von $-\infty$ bis z_1 von der Fläche von $-\infty$ bis z_2 abziehen. Die Fläche von $-\infty$ bis z_2 kann man dem Tafelwerk direkt entnehmen:
(Vertafelt ist nur bis auf zwei Dezimalstellen. Man rundet entweder oder man bildet das arithmetische Mittel zwischen $\Phi(0,12) = 0,54776$ und $\Phi(0,13) = 0,55172$.)

Für die Fläche von z_1 gilt: Die Fläche von $-\infty$ bis $-z$ ist gleich der Fläche von z bis ∞.
Die Fläche von z bis ∞ ist aber 1 – Fläche von $-\infty$ bis z. Also ist die Fläche von $-\infty$ bis $-z$ gleich $1-\Phi(0,25) \to 1-0,59871 = 0,40129$.

0,55 – 0,40129 = 0,14871 → nur rund 15 % der Nägel sind zwischen 4,8 und 5,1cm lang. Die Maschine könnte aus der DDR stammen.

Aufgaben:

53)   Eine Dichtefunktion sei folgendermaßen definiert:

$$f(x) = \begin{cases} x-1 & \text{für } x \in [1;2] \\ -x+3 & \text{für } x \in (2;3] \\ 0 & \text{sonst} \end{cases}$$

Berechnen Sie die Wahrscheinlichkeit für $x \leq 2,5$!

54)   Berechnen Sie für die Dichtefunktion aus Aufgabe 53 den Erwartungswert und die Varianz!

55)   Eine Dichtefunktion sei folgendermaßen definiert:

$$f(x) = \begin{cases} x^2 & \text{für } x \in [1;c] \\ 0, & \text{sonst} \end{cases}$$

Berechnen Sie die Obergrenze c!

56)   Es sei Z gemäß N(0;1)-verteilt. Bestimmen Sie:

a) $P(0 < Z < 2,4)$ f) $P(Z < -0,1)$

b) $P(-1,3 < Z < 0)$ g) $P(0,2 < Z < 1,6)$

c) $P(-0,8 < Z < 0,8)$ h) $P(-1,4 < Z < 1,2)$

d) $P(Z < 2,1)$ i) $P(-2 < Z < -1)$

e) $P(Z < -0,4)$

57)   Es sei Z gemäß N(0;1)-verteilt. Bestimmen Sie A, B, C und D!

a) $P(Z < A) = 0,255$ c) $P(/Z/ < C) = 0,$

b) $P(Z < B) = 0,8$ d) $P(/Z/ > D) = 0,3$

58)   Eine Anlage füllt Zementsäcke mit dem Sollwert 50 kg ab. Das Füllgewicht sei normalverteilt mit der Standardabweichung 1,5 kg. Alle Säcke, die schwerer als 51 kg sind (Materialvergeudung) und leichter als 48 kg (Kundenbeschwerden) werden aussortiert. Wie viele Zementsäcke werden aus einer Tagesproduktion von 10000 Säcken aussortiert?

3.6.3.4   Die Exponentialverteilung

Eine Zufallsvariable mit der Dichtefunktion

$$f(x) = \begin{cases} \lambda e^{-\lambda x}, & f\ddot{u}r \quad x \geq 0 \\ \\ 0, & sonst \end{cases} \quad , mit\ \lambda \geq 0 \tag{58}$$

heißt exponentialverteilt. Erwartungswert und Varianz der Exponentialverteilung:

$$E(X) = \frac{1}{\lambda} \tag{59}$$

$$Var(X) = \frac{1}{\lambda^2} \tag{60}$$

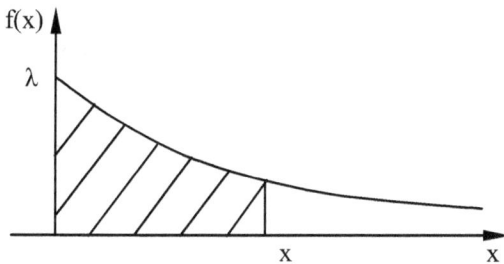

Abbildung 29: Exponentialverteilung

Auch hier gilt, die Wahrscheinlichkeit entspricht dem Flächeninhalt unter der Dichtefunktion. Also ist P(X ≤ k) die Fläche unter der Dichtefunktion von 0 bis k.
Für die Verteilungsfunktion gilt:

$$F(x) = \int_0^x \lambda e^{-\lambda \cdot t} dt = \left| -e^{-\lambda \cdot t} \right|_0^x = -e^{-\lambda \cdot x} - (-e^0) = 1 - e^{-\lambda \cdot x} \tag{61}$$

Die Exponentialfunktion ist hauptsächlich eine Funktion von Zeitspannen. Das heißt, wie lange dauert etwas, bis etwas passiert. Zum Beispiel die Lebensdauer von Verschleißteilen.
Nun hat die Exponentialverteilung eine ganz besondere Eigenschaft, es gilt nämlich: $P(X \leq t + s | X \geq t) = P(X \leq s)$. Das heißt, dass die Wahrscheinlichkeit, dass zum Beispiel ein Gegenstand, der schon t Zeiteinheiten intakt geblieben ist, noch weitere s Zeiteinheiten intakt bleibt, unabhängig ist von den Zeiteinheiten, in denen er schon überlebt hat. Deshalb

nennt man die Exponentialverteilung auch die „Verteilung ohne Gedächtnis". Das ist schwer vorstellbar, aber diese Fälle gibt es. Zum Beispiel ist die Wahrscheinlichkeit, dass eine Glühbirne, die schon 10 000 Stunden gebrannt hat noch weitere 10 000 Stunden brennt, genau so hoch, wie die Wahrscheinlichkeit, dass eine nagelneue Glühbirne 10 000 Stunden durchhält, wenn die Brenndauer der Exponentialverteilung genügen soll.

Für Skeptiker:

Für die Exponentialverteilung soll gelten: $P(X \leq t+s | X \geq t) = P(X \leq s)$

Für die bedingte Wahrscheinlichkeit gilt:

$$P(X \leq t+s | X \geq t) = \frac{P\{X \leq (t+s) \cap X \geq t\}}{P(X \geq t)}$$

$$P\{X \leq (t+s) \cap X \geq t\} = \int_t^{t+s} \lambda e^{-\lambda x} dx = \left| -e^{-\lambda x} \right|_t^{t+s} = -e^{-\lambda(t+s)} - (-e^{\lambda t}) = e^{-\lambda t} - e^{-\lambda t - \lambda s} = e^{-\lambda t} - e^{-\lambda t} \cdot e^{-\lambda s}$$

$$= e^{-\lambda t}(1 - e^{-\lambda s})$$

$$P(X \geq t) = 1 - P(X \leq t) = 1 - \int_0^t \lambda e^{-\lambda x} dx = 1 - \left| -e^{-\lambda x} \right|_0^t = 1 - \left\{ (-e^{-\lambda t}) - (-e^0) \right\} = 1 - (1 - e^{-\lambda t}) = e^{-\lambda t}$$

$$\frac{e^{-\lambda}(1 - e^{-\lambda s})}{e^{-\lambda t}} = 1 - e^{-\lambda s} = P(X \leq s)$$

Aufgaben:

59) In einer Autowerkstatt sei die Reparaturdauer in Stunden exponentialverteilt mit $\lambda = 0{,}25$. Berechnen Sie die Wahrscheinlichkeit, dass die Reparatur eines Autos weniger als drei Stunden dauert!

60) Berechnen Sie mit den Angaben aus Aufgabe 59 die Wahrscheinlichkeit, dass die Reparaturdauer zwischen 4 und 5 Stunden liegt!

61) Die Reparaturdauer aus Aufgabe 59 sei immer noch exponentialverteilt. Die Wahrscheinlichkeit, dass die Reparatur weniger als 4 Stunden dauert, sei 0,5507. Berechnen Sie λ!

°62) Weisen Sie durch Rechnung nach, dass der Erwartungswert der Exponentialverteilung wirklich $\frac{1}{\lambda}$ ist!

4 Induktive Statistik

Eines der wesentlichsten, aber auch kompliziertesten Teilgebiete der Statistik ist die induktive, oder schließende Statistik. Man versucht, aus Eigenschaften und Parametern von Stichproben auf Eigenschaften oder Parameter der Grundgesamtheit zu schließen. Wir konzentrieren uns auf drei wesentliche Teilgebiete der induktiven Statistik, auf die Punktschätzung, die Intervallschätzung und die Hypothesentests.

Testverteilungen: Auch in der induktiven Statistik ist die Normalverteilung eine der wichtigsten Verteilungen. Sie werden aber, besonders in Kapitel 4.3, immer wieder auf Verteilungen stoßen, die hier noch nicht behandelt worden sind. Zu diesen Verteilungen gehören die

- t-Verteilung (oder Student-Verteilung),benannt nach William Gosset (1876-1937), der sie 1908 unter dem Pseudonym „student" veröffentlichte. Die t-Verteilung ähnelt der Standardnormalverteilung.
- χ^2-Verteilung (Chi-Quadrat-Verteilung), benannt nach der Testgröße χ^2. Z.B. ist die Summe der Quadrate von n unabhängigen N(0;1)-verteilten Zufallsvariablen $\sum_{i=1}^{n} X_i^2$ χ^2-verteilt.
- F-Verteilung, benannt nach Ronald Aylmer Fisher (1890-1962), der sie 1924 entdeckt hat.

Während die Definitionsmenge der Standardnormalverteilung und der t-Verteilung von $-\infty$ bis $+\infty$ geht, sind die χ^2-Verteilung und die F-Verteilung nur von 0 bis ∞ definiert. Näheres zu den Testverteilungen finden Sie z.B. bei [Bourier, 1999]. Sie finden diese Verteilungen im Anhang vertafelt, wichtig für Sie ist, dass Sie mit den Tafeln umgehen können.

Freiheitsgrade: Im Zusammenhang mit den Testverteilungen werden Sie auf den Begriff „Freiheitsgrade" stoßen. So ist z. B. die t-Verteilung abhängig von n oder n-1 Freiheitsgraden, man schreibt kurz t(n)- oder t(n-1)-verteilt. n steht dabei für den Umfang der Stichprobe. Wenn Sie eine Stichprobe vom Umfang n ziehen, dann kann jeder der n einzelnen Stichprobenvariablen jeden Wert, der in der Grundgesamtheit vorkommt, annehmen, er ist gewissermaßen frei, Sie haben n Freiheitsgrade. Wenn Sie mittels Stichprobe einen Parameter schätzen müssen, z.B. $\bar{x}$, dann haben Sie nur noch n-1 Freiheitsgrade, denn ist z.B. n = 5 und $\bar{x}$ = 3, dann können die ersten 4 Variablen freie Werte annehmen, etwa 2;7;1;2, die letzte Variable ist aber nicht mehr frei, sie muss den Wert 3 annehmen, denn sonst wäre das arithmetische Mittel nicht 3. Also immer, wenn Sie in der Testfunktion Schätzwerte verwenden, verringert sich die Zahl der Freiheitsgrade um die Anzahl der Schätzwerte. (Aber das ist in den Algorithmen schon mit vorgegeben.)

4.1   Punktschätzung

Hier geht es hauptsächlich um die Schätzung der Parameter μ und σ der Grundgesamtheit. Dazu wird eine Stichprobe mit den Stichprobenvariablen X_1, X_2, ... X_n erhoben. Aus diesen Variablen kann man das Stichprobenmittel $\overline{X}$ mit dem Ergebnis $\overline{x}$ berechnen. Es ist vernünftig, anzunehmen, dass das Stichprobenmittel ein akzeptabler Schätzwert für μ ist. Das muss aber nicht sein, es kommt nämlich auf die Zufallsauswahl der Stichprobenvariablen an. Ein einfaches Beispiel:

Beispiel 43:

In einer Urne seien 6 Kugeln mit den Zahlen 1 bis 6. Es wird eine Stichprobe vom Umfang n = 2 mit Zurücklegen entnommen und das Stichprobenmittel errechnet.
Folgende Stichproben sind möglich:

2. Kugel	1. Kugel	1	2	3	4	5	6
1		1	1,5	2	2,5	3	3,5
2		1,5	2	2,5	3	3,5	4
3		2	2,5	3	3,5	4	4,5
4		2,5	3	3,5	4	4,5	5
5		3	3,5	4	4,5	5	5,5
6		3,5	4	4,5	5	5,5	6

Man sieht, je nachdem, wie die Stichprobe ausfällt, kann das Stichprobenmittel Werte von 1 bis 6 annehmen, allerdings mit unterschiedlichen Wahrscheinlichkeiten. Da das Stichprobenmittel von den Stichprobenvariablen x_1 und x_2 abhängig ist, spricht man von einer Stichprobenfunktion, hier in Abhängigkeit von zwei Variablen, im Allgemeinen aber abhängig von n Variablen, nämlich allen Realisationen $(x_1, x_2, ..., x_n)$.

$$\overline{x} = f(x_1, x_2) = \tfrac{1}{2}(x_1 + x_2) \text{ , allgemein: } \overline{x} = f(x_1, ... x_n) = \frac{1}{n}\sum_{i=1}^{n} x_i$$

Die Wahrscheinlichkeitsfunktion für die einzelnen Stichprobenmittel ist folgende:

$\overline{x}$	1	1,5	2	2,5	3	3,5	4	4,5	5	55	6
$f(\overline{x})$	1/36	2/36	3/36	4/36	5/36	6/36	5/36	4/36	3/36	2/36	1/36

Wie man sich leicht überzeugen kann, ist der Erwartungswert von $\overline{x} = 3,5$. Das ist aber auch genau das μ der Grundgesamtheit. In einem solchen Fall, wenn der Erwartungswert eines Parameters der Stichprobe mit dem Parameter der Grundgesamtheit übereinstimmt, spricht man von einer erwartungstreuen Schätzfunktion.
Die folgenden Umformungen zeigen, dass das Stichprobenmittel generell erwartungstreu für μ der Grundgesamtheit ist:

Es sei G eine Grundgesamtheit mit den Merkmalswerten $x_1, ... x_N$. Dann ist $\mu = \frac{1}{N}\sum_{i=1}^{N} x_i$.

Es wird eine Stichprobe vom Umfang n < N gezogen. Für alle X_i der Stichprobe gilt:
$E(X_i) = \mu$.

Der Erwartungswert des Stichprobenmittels $\overline{X}$ ergibt sich dann aus:

$* \; E(\overline{X}) = E(\frac{1}{n}\sum_{i=1}^{n} X_i)$. Man kann den Erwartungswert von diskreten Zufallsvariablen mit

$E(X_i) = \frac{1}{n}\sum_{i=1}^{n} X_i$ berechnen. Wenn Sie jetzt für X_i den Ausdruck $\frac{1}{n}\sum_{i=1}^{n} X_i$ in * einfügen,

ergibt sich:

$$E(\overline{x}) = \frac{1}{n}\sum_{i=1}^{n}\left(\frac{1}{n}\sum_{i=1}^{n} X_i\right) = \frac{1}{n}\sum_{i=1}^{n}E(X_i) = \frac{1}{n}\sum_{i=1}^{n}\mu = \frac{1}{n}\cdot n\cdot\mu = \mu.^{[1]}$$

Aufgabe:

°63)   Berechnen Sie die Standardabweichung von $\overline{x}$!

Das Stichprobenmittel ist allerdings nicht die einzige Stichprobenfunktion, die erwartungs-treu für μ ist. Zum Beispiel ist der Stichprobenmedian auch erwartungstreu für μ.[2] Deshalb sucht man unter allen erwartungstreuen Stichprobenfunktionen die wirksamste. Von zwei erwartungstreuen Stichprobenfunktionen ist zum Beispiel die mit der kleineren Varianz wirk-samer als die andere. Die Wirksamkeit oder Effizienz von Stichprobenfunktionen wird unter anderem mit dem Prinzip der kleinsten Quadrate oder dem Maximum-Likelihood-Prinzip bestimmt. (Siehe dazu: Bamberg/Baur, S.151f)

Wir halten fest, dass das Stichprobenmittel

$$\overline{X} = \frac{1}{n}\sum_{i=1}^{n} X_i \tag{60}$$

ein geeigneter Schätzwert für μ und die Stichprobenvarianz

$$S^2 = \frac{1}{n-1}\sum_{i=1}^{n}(x_i - \overline{X})^2 \tag{61}$$

ein geeigneter Schätzwert für σ^2 ist.

---

[1]   vgl. Schwarze, Statistik-Grundkurs, Kurseinheit 9, Lehrmaterial der Fernuniversität Hagen

[2]   vgl. Schwarze, Statistik-Grundkurs 10, Lehrmaterial der Fernuniversität Hagen

4.2   Intervallschätzung

4.2.1   Einführung

Wie schon gesagt, sind Parameter, die man aus einer Stichprobe gewonnen hat, Zufallsvariablen. Das heißt, sie können mit denen der Grundgesamtheit einigermaßen übereinstimmen,
man kann aber auch völlig daneben liegen. Um mit einer gewissen (vorgegebenen) Wahrscheinlichkeit Aussagen über Parameter der Grundgesamtheit machen zu können, muss man
von der Punktschätzung zur Intervallschätzung übergehen. Man bestimmt dabei ein Intervall,
in dem der gesuchte Parameter mit einer bestimmten Wahrscheinlichkeit zu finden ist.

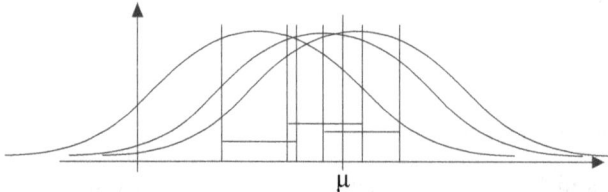

Abbildung 30: Stichprobenintervalle

Abbildung 30 zeigt drei Intervalle, die zu drei Stichproben gehören, von denen zwei den
wahren Wert μ einschließen, das dritte aber auf Grund eines ungünstigen Ergebnisses für $\bar{x}$
nicht. Man kann nun ein Intervall so bestimmen, dass der wahre Wert μ mit einer Wahrscheinlichkeit von beispielsweise 95 % im Intervall enthalten ist. Ein solches Intervall heißt
Konfidenzintervall zum Konfidenzniveau 0,95 (man kann mit 95-prozentiger Sicherheit
darauf vertrauen, dass der gesuchte Parameter Element dieses Intervalles ist.) Mit α bezeichnet man die Fehlerwahrscheinlichkeit. Sie beträgt in diesem Fall 0,05.

4.2.2   Symmetrische Konfidenzintervalle für den
Erwartungswert μ

4.2.2.1   Normalverteilte Grundgesamtheit mit bekannter Varianz

Beispiel 44:

Eine Grundgesamtheit sei normalverteilt mit dem unbekannten Parameter μ und der Standardabweichung $\sigma = 2$. Gesucht ist ein 95%iges Konfidenzintervall für μ. Dazu wird eine
Stichprobe vom Umfang n = 10 entnommen. Das Stichprobenmittel habe den Wert 3 ergeben.

Da die Grundgesamtheit normalverteilt ist, ist auch $\bar{x}$ normalverteilt und zwar mit dem Erwartungswert 3 und der Standardabweichung $\frac{1}{\sqrt{n}} \cdot \sigma$. (Siehe Lösung zu Aufgabe 63)

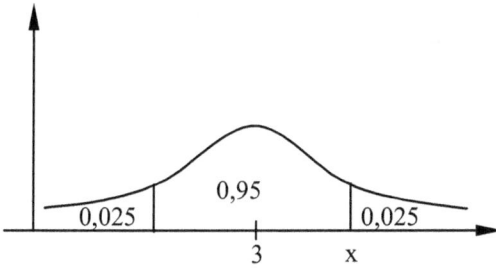

Abbildung 31: Gesuchtes Konfidenzintervall für μ

Gesucht sind die Intervallgrenzen für die mittlere Fläche, die den Flächeninhalt 0,95 hat. Da das Intervall symmetrisch um μ sein soll, muss die Fehlerwahrscheinlichkeit α (= 0,05) auf die beiden Ränder aufgeteilt werden. Die Fläche von -∞ bis x hat den Wert 0,975, also $1-\frac{\alpha}{2}$.

Wir brauchen um x zu bestimmen den 0,975-Fraktilswert c der Standardnormalverteilung. Das $\left(1-\frac{\alpha}{2}\right)$-Fraktil ist der Wert auf der x-Achse, bei dem die Verteilungsfunktion den Wert $\left(1-\frac{\alpha}{2}\right)$ annimmt. c ist demnach $\Phi^{-1}(0,975)$. Aus der Tabelle für die Standardnormalverteilung ergibt sich für c 1,96. Dieser Wert der Standardnormalverteilung muss nun umgerechnet werden in den Wert x der Normalverteilung. Das geschieht mit der Formel $c = \dfrac{x-\mu}{\sigma_{\bar{x}}}$, mit

$\sigma_{\bar{x}} = \frac{1}{\sqrt{n}} \cdot \sigma$ und $\mu = \bar{x}$.

Also ist die Obergrenze des Intervalls $x_o = \bar{x} + \dfrac{c \cdot \sigma}{\sqrt{n}}$, $x_o = 3 + \dfrac{1.96 \cdot 2}{\sqrt{10}} \approx 4,24$

Für die Untergrenze ergibt sich: $x_u = \bar{x} - \dfrac{c \cdot \sigma}{\sqrt{n}} = 3 - \dfrac{1,96 \cdot 2}{\sqrt{10}} \approx 1,76$

Interpretation: Mit 95%iger Sicherheit ist der Erwartungswert der Grundgesamtheit ein Wert zwischen 1,76 und 4,24.

Der Wert für α ist meist vorgegeben, in der Regel ist α = 0,05 oder 0,1. Generell gilt, je mehr Gewissheit man haben möchte, desto länger wird das Intervall. Mit anderen Worten, man erkauft sich höhere Wahrscheinlichkeit mit größerer Ungenauigkeit. Man kann aber akzeptable Sicherheit und hohe Genauigkeit erreichen, indem man den Stichprobenumfang erhöht. Die Länge des Intervalls ergibt sich, indem man die Untergrenze von der Obergrenze subtrahiert.

$$L = \frac{2 \cdot c \cdot \sigma}{\sqrt{n}} \qquad (62)$$

Wenn n größer wird, wird der Bruch insgesamt und damit die Intervalllänge kleiner.

Mit (62) kann man zu einer vorgegebenen Intervalllänge, das heißt, zu einer vorgegebenen Genauigkeit, den benötigten Stichprobenumfang n bestimmen.

Arbeitsschritte für dieses Konfidenzintervall:

1.   Ein Konfidenzniveau 1- α wird festgelegt. (Ist meist vorgegeben.)

2.   Das $\left(1-\frac{\alpha}{2}\right)$-Fraktil c der Standardnormalverteilung wird bestimmt.

3.   Das Stichprobenmittel wird errechnet.

4.   Der Wert $\dfrac{\sigma \cdot c}{\sqrt{n}}$ wird berechnet.

5.   Das gesuchte Intervall ergibt sich aus: $\left[\bar{x} - \dfrac{\sigma \cdot c}{\sqrt{n}} ; \bar{x} + \dfrac{\sigma \cdot c}{\sqrt{n}}\right]$

Aufgaben:

64)   Frühere Untersuchungen haben ergeben, dass der tägliche Fernsehkonsum von Jugendlichen normalverteilt ist, mit einer Standardabweichung von 1,5 h. 225 Jugendliche wurden zufällig ausgewählt und nach der Zeit befragt, die sie täglich vor dem Fernseher verbringen. Es ergab sich ein Mittelwert von 4 h.
      Bestimmen Sie ein 90%-Konfidenzintervall für die durchschnittliche tägliche Fernsehzeit von Jugendlichen!

65)   Welchen Umfang muss die Stichprobe mindestens haben, um das Intervall auf ± 5 Minuten einzuschränken?

4.2.2.2   Normalverteilte Grundgesamtheit mit unbekannter Varianz, n < 30

Die vorhergehende relativ einfache Bestimmung des Konfidenzintervalls wurde so ausführlich dargestellt, damit Sie das Prinzip verstehen. Im Folgenden wird es etwas verworrener und wir werden uns, wie versprochen, ohne komplizierte Herleitungen auf die einzelnen Arbeitsschritte konzentrieren.

Wenn die Varianz und damit auch die Standardabweichung der Grundgesamtheit nicht bekannt ist, muss sie durch einen Schätzwert ersetzt werden. Wir wissen, dass die Stichprobenvarianz S^2 ein geeigneter Schätzwert für σ^2 ist. Also werden wir σ durch S ersetzen. Die Variable $\dfrac{X - \mu}{S}\sqrt{n}$ ist allerdings nur für große n (n > 30) annähernd normalverteilt. Für n < 30 ist diese Testgröße t(n-1) –verteilt.

Arbeitsschritte:

1. Ein Konfidenzniveau $1 - \alpha$ wird festgelegt.

2. Das $\left(1 - \frac{\alpha}{2}\right)$-Fraktil c der t(n-1)-Verteilung wird bestimmt.

3. Das Stichprobenmittel und die Stichprobenstandardabweichung S werden errechnet.

4. Der Wert $\dfrac{s \cdot c}{\sqrt{n}}$ wird berechnet.

5. Das Intervall ergibt sich aus: $\left[\bar{x} - \dfrac{s \cdot c}{\sqrt{n}} ; \bar{x} + \dfrac{s \cdot c}{\sqrt{n}} \right]$

Aufgaben:

66) Die Zufallsvariable X sei t(n)-verteilt, mit n = 12 Freiheitsgraden:

Bestimmen Sie t!

a) $P(-t \leq X \leq t) = 0{,}9$ c) $P(X \geq t) = 0{,}9$

b) $P(X \leq t) = 0{,}99$ d) $P(X \geq t) = 0{,}1$

67) Aus der Produktion einer sehr alten, ungenauen Maschine, die Nägel produziert, wurden 9 Nägel entnommen und deren Länge in mm gemessen. Es ergaben sich folgende Werte:

50; 49; 55; 55; 53; 56; 51; 56; 52

Berechnen Sie ein 95%-Konfidenzintervall für die Länge der Nägel, wobei Sie davon ausgehen können, dass die Grundgesamtheit normalverteilt ist!

4.2.2.3   Beliebig verteilte Grundgesamtheit, n > 30

Die Voraussetzung, dass die Grundgesamtheit normalverteilt sein muss, ist eigentlich nur für Stichproben wichtig, deren Umfang < 30 ist. Für größere n erhält man brauchbare Näherungen durch die Standardnormalverteilung. Bei unbekannter Varianz muss σ ersetzt werden durch den Schätzwert $\hat{\sigma}$. Normalerweise ist S ein geeigneter Schätzwert für σ.
Im Falle einer dichotomen[3] Grundgesamtheit wird die Varianz berechnet durch p(1 – p). p ist dabei der Anteilswert der Elemente mit der gesuchten Eigenschaft innerhalb der Grundgesamtheit. Für den Erwartungswert μ einer dichotomen Grundgesamtheit gilt: $\mu = n \cdot p$
Da p in der Regel nicht bekannt ist, muss man es ersetzen durch $\bar{x}$, das ist der Anteilswert innerhalb der Stichprobe. Um eine dichotome Grundgesamtheit durch die Normalverteilung approximieren zu können, müssen zwei Bedingungen erfüllt sein:

$n \cdot \bar{x} \geq 5$ und $n \cdot (1 - \bar{x}) \geq 5$.

---

[3] Dichotom heißt, es gibt nur zwei Möglichkeiten, entweder ein Merkmalsträger hat eine bestimmte Eigenschaft oder er hat sie nicht. Dichotome Grundgesamtheiten unterliegen der B(1;p)-Verteilung (Binomialverteilung).

Beispiel 45:

Von 1000 Männern zwischen 30 und 40 Jahren waren 760 verheiratet. Es soll ein 98%-Konfidenzintervall für den Anteil der verheirateten Männer zwischen 30 und 40 Jahren bestimmt werden.

$\bar{x} = 0,76;$ $n = 1000;$ $n \cdot \bar{x} = 760;$ $n \cdot (1 - \bar{x}) = 240,$ beides > 5

1.   Konfidenzniveau: 0,98

2. $c = \Phi^{-1}(0,99) = 2,33$

3. $\hat{\sigma} = \sqrt{0,76 \cdot 0,24} = 0,427$

4. $\dfrac{\hat{\sigma} \cdot c}{\sqrt{n}} = \dfrac{0,427 \cdot 2,33}{\sqrt{1000}} = 0,031$

5.   Intervall: [0,729; 0,791]

Mit 98%iger Sicherheit kann man davon ausgehen, dass der Anteil der verheirateten Männer unter den Männern zwischen 30 und 40 zwischen 72,9% und 79,1% liegt.

Arbeitsschritte für beliebig verteilte Grundgesamtheit, n > 30
(vgl. Bamberg/Baur, 2001, S.167):

1.   Konfidenzniveau $1 - \alpha$ festlegen

2.   Das $\left(1 - \frac{\alpha}{2}\right)$-Fraktil c der Standardnormalverteilung bestimmen

3.   Stichprobenmittel $\bar{x}$ sowie einen Schätzwert für σ ermitteln:

      $\hat{\sigma} = \sigma,$ falls σ bekannt ist

      $\hat{\sigma} = \sqrt{\bar{x} \cdot (1 - \bar{x})},$ falls G dichotom ist

      $\hat{\sigma} = S,$ sonst

4.   Den Wert $\dfrac{\hat{\sigma} \cdot c}{\sqrt{n}}$ berechnen

5.   Das Intervall $\left[\bar{x} - \dfrac{\hat{\sigma} \cdot c}{\sqrt{n}}; \bar{x} + \dfrac{\hat{\sigma} \cdot c}{\sqrt{n}}\right]$ angeben

Aufgaben:

68)   Aus der Produktion der Nagelmaschine von Aufgabe 67 werden 50 Nägel entnommen und deren Länge gemessen. Es ergab sich eine Durchschnittslänge von 53 mm. Die Stichprobenstandardabweichung ergab 4 mm. Gehen Sie davon aus, dass die Länge

der Nägel einer Normalverteilung genügt und berechnen Sie ein 95%-Konfidenz-intervall!

69) Eine Firma testet die Lebensdauer der von ihr produzierten Glühbirnen. Dazu werden der laufenden Produktion 500 Glühbirnen entnommen und deren Lebensdauer gemessen. Es ergab sich ein Durchschnittswert von 2400 h. Für die Stichprobenstandardabweichung wurde der Wert 255 ermittelt. Bestimmen Sie ein 99%-Konfidenzintervall für die Lebensdauer der Glühbirnen!

70) Einer laufenden Produktion wurden 100 Teile entnommen. Die Teile wurden auf Ausschuss überprüft und es stellte sich heraus, dass 7 Teile nicht zu gebrauchen waren. Testen Sie zu der Irrtumswahrscheinlichkeit 0,04, in welchem Rahmen sich der Ausschussanteil der gesamten Produktion bewegt!

71) Einer $N(\mu;7)$-verteilten Grundgesamtheit wird eine Stichprobe von $n = 15$ entnommen. Es sei $\sum_{i=1}^{15} x_i = 123$. Bestimmen Sie ein 94%-Konfidenzintervall für μ!

72) Einer normalverteilten Grundgesamtheit mit bekannter Standardabweichung σ wurde eine Stichprobe vom Umfang 16 entnommen. Zur Fehlerwahrscheinlichkeit 0,05 ergab sich das folgende Konfidenzintervall: [9,02; 10,98].
Ermitteln Sie bitte die Standardabweichung der Grundgesamtheit!

73) Jemand interessiert sich für die durchschnittliche Anzahl der Druckfehler einer nicht besonders sorgfältig gemachten Zeitung. Dazu wählt er an 9 Tagen jeweils eine Seite zufällig aus und zählt die Druckfehler. Er kommt zu folgendem Ergebnis:

3; 0; 2; 1; 0; 5; 4; 2; 1

Mit diesen Angaben kam er zu dem Konfidenzintervall [0,3278; 3,672]
Welches Konfidenzniveau liegt dieser Schätzung zu Grunde?

4.2.3 Symmetrische Konfidenzintervalle für die Varianz bei normalverteilter Grundgesamtheit

Wie Sie wissen, wird eine normalverteilte Größe X_i in die Standardnormalverteilung umgerechnet mit der Formel $Z_i = \dfrac{x_i - \mu}{\sigma}$. Die Summe der Größe Z_i^2,

$$\sum Z_i^2 = \sum \frac{(X_i - \mu)^2}{\sigma^2} = \frac{1}{\sigma^2} \sum_{l=1}^{n} (X_i - \mu)^2 \text{ ist demnach als Summe aus den Quadraten von n}$$

normalverteilten Zufallsvariablen $\chi^2(n)$-verteilt. Nun ist $S^2 = \dfrac{1}{n-1}\sum_{i=1}^{n}(X_i - \overline{X})^2$ und

$\sum_{i=1}^{n}(X_i - \overline{X})^2 = (n-1)\cdot S^2$. Das heißt, $\dfrac{1}{\sigma^2}\sum_{1=1}^{n}(X_i - \overline{X})^2 = \dfrac{(n-1)}{\sigma^2}\cdot S^2$.

Arbeitsschritte:

1.   Ein Konfidenzniveau $1 - \alpha$ wird festgelegt

2.   Die $\dfrac{\alpha}{2} - bzw.$ $(1-\dfrac{\alpha}{2}) -$ Fraktile c_1 bzw c_2 der $\chi^2(n-1)$-Verteilung werden bestimmt.

3.   Die Größe $(n-1)S^2$ wird aus dem Stichprobenergebnis errechnet.

4.   Die Werte $v_u = \dfrac{(n-1)\cdot s^2}{c_2}$ und $v_o = \dfrac{(n-1)\cdot s^2}{c_1}$ werden errechnet.

5.   Das Intervall $\left[v_u ; v_o\right]$ wird angegeben.

(Bamberg/Baur 2001, S.169)

Bemerkungen:

1.   Ist der Erwartungswert der Grundgesamtheit bekannt, so verwendet man statt der $\chi^2(n-1)$-Verteilung besser die $\chi^2(n)$-Verteilung, der Wert $(n-1)\cdot s^2$ wird dann berech-

net mit $\sum_{i=1}^{n}(X_i - \mu)^2$. *(ebenda)*

2.   Für $n > 30$ ist χ^2 nicht mehr vertafelt. In diesem Falle ist $X_\alpha = \dfrac{1}{2}\left(\widetilde{X}_\alpha + \sqrt{2n-1}\right)^2$, mit

$\widetilde{X}_\alpha = \Phi^{-1}(\alpha)$.

Aufgaben:

74)   Aus der Produktion einer Maschine, die Nägel produziert, wurden 9 Nägel entnom-
       men und deren Länge gemessen. Aus Erfahrung weiß man, dass die Länge der Nägel
       eine normalverteilte Zufallsgröße ist. Es ergaben sich folgende Werte:

       50; 49; 55; 55; 53; 56; 51; 56; 52 (Angaben aus Aufgabe 67)

       Berechnen Sie ein 95%-Konfidenzintervall für die Varianz!

75)   Eine Firma testet die Lebensdauer der von ihr produzierten Glühbirnen. Dazu werden
       der laufenden Produktion 500 Glühbirnen entnommen und deren Lebensdauer gemes-
       sen. Es ergab sich ein Durchschnittswert von 2400 h. Für die Stichprobenstandardab-
       weichung wurde der Wert 255 ermittelt (Aufgabe 69). Bestimmen Sie ein 90%-

Konfidenzintervall für die Varianz, wobei Sie davon ausgehen können, dass die Lebensdauer normalverteilt ist!

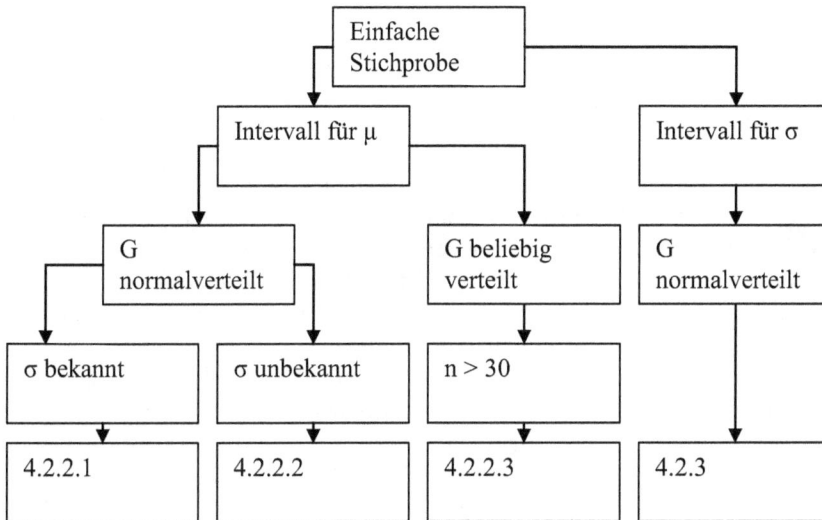

Abbildung 32: Entscheidungsbaum für Konfidenzintervalle

4.3   Signifikanztests

Bei einem Signifikanztest liegen über die Verteilung einer Grundgesamtheit Vermutungen oder Hypothesen vor, die man an Hand von Stichproben überprüft. Signifikanztests können in drei große Gruppen eingeteilt werden:

Parametertests: Es liegen Vermutungen über Parameter der Grundgesamtheit vor, die überprüft werden.

Verteilungstests: Es wird die Frage nach der Verteilung einer Grundgesamtheit, bzw. nach der gemeinsamen Verteilung zweier Merkmale X und Y innerhalb einer Grundgesamtheit untersucht.

Vergleichstests: Bei Vergleichstests wird untersucht, ob Parameter von verschiedenen Grundgesamtheiten gleich oder unterschiedlich sind.

4.3.1 Parametertests

Über einen Parameter der Grundgesamtheit, meist μ oder σ liegt eine Hypothese vor, die überprüft werden soll. Weicht das Ergebnis der Stichprobe deutlich (signifikant) von diesem hypothetischen Wert ab, so wird die Hypothese verworfen.

Zusammenhang zwischen Signifikanztest und Intervallschätzung:

Bei der Intervallschätzung hat man auf Grund einer Stichprobe ein Intervall bestimmt, innerhalb dessen sich ein Parameter mit einer vorgegebenen Wahrscheinlichkeit befindet. Bei einem Signifikanztest geht man von einem festen (hypothetischen) Wert eines Parameters aus. Ist die Verteilung dieses Parameters bekannt, so kann man Intervallgrenzen bestimmen, innerhalb derer sich der fragliche Parameter befinden muss. Dann wird eine Stichprobe gezogen, der entsprechende Parameter der Stichprobe wird bestimmt und es wird überprüft, ob er innerhalb oder außerhalb der vorher bestimmten Intervallgrenzen ist. Der Bereich außerhalb der Intervallgrenzen wird Ablehnungsbereich genannt und mit B bezeichnet. Ist der Parameter Element des Ablehnungsbereichs B, so weicht das Ergebnis der Stichprobe signifikant von der Hypothese ab. Die Hypothese wird abgelehnt.

Die zu überprüfende Hypothese wird Nullhypothese (H_0) genannt. Zu jeder Nullhypothese gibt es eine Gegenhypothese (H_1).

Nennen wir den zu testenden Parameter Θ, so gibt es für Parametertests grundsätzlich drei Möglichkeiten:

A) $H_0: \Theta = \Theta_0$ gegen: $H_1: \Theta \neq \Theta_0$

B) $H_0: \Theta \leq \Theta_0$ gegen: $H_1: \Theta > \Theta_0$

C) $H_0: \Theta \geq \Theta_0$ gegen: $H_1: \Theta < \Theta_0$

A nennt man zweiseitigen Test, weil der Parameter hier nach unten und nach oben abgegrenzt wird, B und C sind einseitige Tests.

Beispiel 46:

Eine Anlage füllt Zementsäcke mit dem Sollwert 50 kg ab. Das Füllgewicht sei normalverteilt mit der Standardabweichung 1,5 kg. (Aufgabe 58) Es soll überprüft werden, ob die Maschine wirklich noch im Mittel 50 kg pro Sack abfüllt oder nicht. Die Irrtumswahrscheinlichkeit α soll 5% betragen.

Wir haben es hier mit einem zweiseitigen Test zu tun, also:

$H_0: \mu = \mu_0 = 50$ gegen: $H_1: \mu \neq \mu_0$

Wenn μ tatsächlich 50 ist, dann muss sich der Stichprobenwert in einem 95% Intervall um 50 befinden. Man weiß, dass die Füllmenge normalverteilt ist. Also bestimmt man die Grenzen dieses Intervalls.

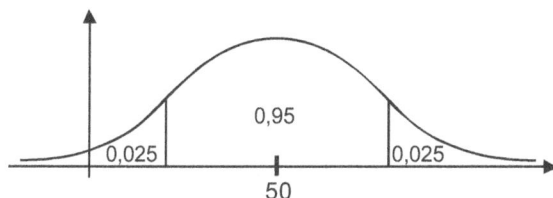

Abbildung 33: Symmetrisches 95%-Intervall

Da der Sollwert nach oben und nach unten abgegrenzt werden soll, muss man die Fehler-wahrscheinlichkeit α wieder auf die beiden Randflächen aufteilen. Jetzt werden die Grenzen des Intervalls ermittelt, nämlich als $\left(\frac{\alpha}{2}\right)- Fraktil$ bzw. $\left(1-\frac{\alpha}{2}\right)- Fraktil$ der Standardnormal-verteilung. Die Untergrenze c_u ist demnach $\Phi^{-1}(0,025) = -\Phi^{-1}(0,975) = -1,96$. Dement-sprechend ist die Obergrenze $c_o = 1,96$.

Die Intervalle $(-\infty; -1,96)$ und $(1,96; \infty)$ bilden den Ablehnungsbereich B der Hypothese. Fällt nämlich der Testfunktionswert in diesen Bereich, so muss die Hypothese, dass die mitt-lere Füllmenge 50 kg beträgt, abgelehnt werden. Nachdem die Grenzen festgelegt sind und somit eine Entscheidungsregel gefunden worden ist, wird eine Stichprobe entnommen und das Stichprobenmittel $\bar{x}$ berechnet. Dieses Stichprobenmittel ist, wie Sie inzwischen wissen, $N(\mu;\frac{1}{\sqrt{n}}\sigma)$ -verteilt. Mit diesen Parametern wird $\bar{x}$ in die Standardnormalverteilung umge-rechnet mit der Formel: $v = \frac{\bar{x}-\mu}{\sigma_{\bar{x}}}$, mit $\sigma_{\bar{x}} = \frac{1}{\sqrt{n}}\sigma$. Das heißt, der Testfunktionswert $v = \frac{\bar{x}-\mu}{\sigma}\cdot\sqrt{n}$. Angenommen, es wurde eine Stichprobe von n = 25 entnommen, die ein Stichprobenmittel von 49,5 kg ergab, so berechnet sich v mit $v = \frac{49,5-50}{1,5}\cdot\sqrt{25}$.

Das heißt, v = -1,67. Zum Schluss wird überprüft, ob v ϵ B ist. In diesem Fall ist die Test-funktionsgröße nicht Element des Ablehnungsbereichs, das heißt, die Hypothese kann nicht abgelehnt werden. Das bedeutet aber noch nicht, dass bewiesen ist, dass der Sollwert tatsäch-lich noch 50 kg beträgt, denn es besteht immer noch ein Restrisiko, sich geirrt zu haben.

In Beispiel 46 wurde ein so genannter zweiseitiger Test durchgeführt, das heißt, μ wurde nach oben und nach unten abgegrenzt. Ganz häufig kommt es aber auch vor, dass der Para-meter entweder nur nach oben oder nur nach unten abgeschätzt wird.

Beispiel 47:

In der Zementfabrik fehlt Zement. Da man von der Ehrlichkeit der Mitarbeiter ausgeht, ver-mutet man, dass die Maschine im Mittel mehr als 50 kg abfüllt.

   $H_0: \mu \leq \mu_0 = 50$ gegen: $H_1: \mu > \mu_0$

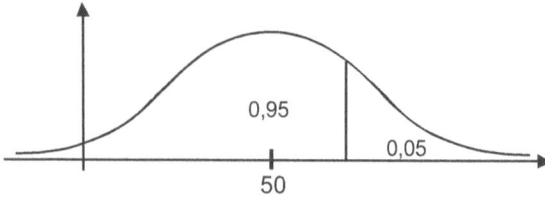

Abbildung 34: Annahme- und Ablehnungsbereich für H_0

In diesem Fall, einseitiger Test, wird die Fehlerwahrscheinlichkeit natürlich nicht aufgeteilt. Die Grenze für den Annahmebereich ist das $(1-\alpha)-Fraktil$ der Standardnormalverteilung:

$c = \Phi^{-1}(0,95) = 1,645 \rightarrow B = (1,645;\infty).$

Die Stichprobe möge in diesem Fall den Mittelwert 50,5 ergeben haben. Umrechnung des Mittelwertes in den Testfunktionswert v: $v = \dfrac{50,5-50}{1,5} \cdot \sqrt{25} = 1,66$. Der Testfunktionswert ist Element des Ablehnungsbereiches. Interpretation: Mit mindestens 95%iger Sicherheit ist die Füllmenge größer als 50 kg.

Vielleicht haben Sie sich gewundert, dass die Vermutung war: $\mu > 50$, man aber mit der Nullhypothese $\mu \leq 50$ gearbeitet hat. Spätestens hier ist es angebracht, etwas über die möglichen Fehlentscheidungen zu sagen. Man kann bei diesen Tests nur zu zwei Arten von Fehlentscheidungen kommen (Rechenfehler natürlich ausgenommen):

Fehler 1. Art: Die Nullhypothese trifft zu, man entscheidet sich aber auf Grund eines ungünstigen Stichprobenergebnisses gegen die Nullhypothese. In diesem Fall kann das Risiko, den Fehler zu begehen berechnet werden, es ist nämlich höchstens α.

Fehler 2. Art: Die Nullhypothese trifft nicht zu, man entscheidet sich aber - ebenfalls auf Grund eines ungünstigen Stichprobenergebnisses – nicht gegen die Nullhypothese. Diesen Fehler kann man in der Regel nicht exakt berechnen, denn dazu müsste man den richtigen Parameterwert der Grundgesamtheit kennen.

Natürlich ist man in der Wahl der Nullhypothese frei. Aber was wäre, wenn wir $H_0 \geq 50$ wählten? Was zunächst augenscheinlich ist: die 50 gehört mit zur Nullhypothese. Mit irgendeinem Wert müssen wir ja rechnen. Also selbst wenn die Nullhypothese nicht verworfen wird, kann die tatsächliche Füllmenge immer noch 50 sein, wir wollten aber nachweisen, dass sie größer als 50 ist. Jetzt führen wir den Test durch:

$H_0: \mu > \mu_0 = 50$ gegen: $H_1: \mu < \mu_0$

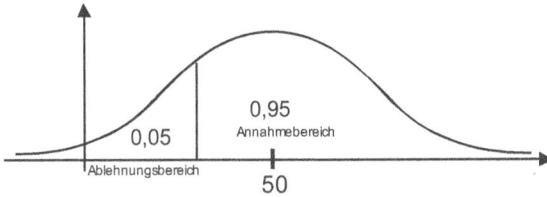

Abbildung 35: Annahme- und Ablehnungsbereich für H₀

Der Ablehnungsbereich B ist in diesem Falle (-∞; -1,645). Der Testfunktionswert v = 1,66 ist nicht im Ablehnungsbereich, H_0 kann nicht verworfen werden. Damit kann man nur den Fehler 2. Art begehen, nämlich H_0 trifft in Wirklichkeit nicht zu. Diesen Fehler kann man, wie gesagt, nur berechnen, wenn man die wirkliche Abfüllmenge kennt. Sagen wir, die Maschine füllt die Säcke im Mittel mit 49,5 kg ab. Wie groß wäre in diesem Fall die Wahrscheinlichkeit, eine falsche Entscheidung getroffen zu haben?

Wir rechnen zunächst die Grenze des Ablehnungsbereichs B (-1,645) in kg um.

$$\frac{x-50}{1,5} \cdot 5 = -1,645 \leftrightarrow x = 49,5065$$

Jetzt wird die Wahrscheinlichkeit berechnet, dass X Werte annimmt, die größer sind als 49,5065, wenn das mittlere Füllgewicht 49,5 kg ist:

$$\frac{49,5065 - 49,5}{1,5} \cdot 5 \approx 0,02 \; ; \; \Phi(x \geq 0,02) = 1 - \Phi(x \leq 0,02) = 1 - 0,508 = 0,492$$

49,2%!, das ist eine Riesenchance, einen Fehler zu begehen.

Dennoch, die Wahl der richtigen Nullhypothese ist eine komplizierte Sache. Wenn Sie Glück haben – und das wird meistens der Fall sein - , wird Ihnen die Nullhypothese mit der Aufgabenstellung vorgegeben. Wenn nicht, halten Sie sich an den Grundsatz, das, was nachgewiesen werden soll, bildet die Gegenhypothese.

4.3.1.1   Signifikanztest für den Erwartungswert µ bei normalverteilter Grundgesamtheit mit bekannter Varianz

Diesen Test haben wir soeben als Beispiel durchexerziert.

1.   Festlegen der Nullhypothese und der Gegenhypothese.

2.   Ein Signifikanzniveau α wird festgelegt.

3.   Aufstellen einer Entscheidungsregel, indem man den Verwerfungsbereich B bestimmt.

$B= (-\infty; -\Phi^{-1}(1 - \frac{\alpha}{2})) \cup (\Phi^{-1}(1 - \frac{\alpha}{2}); \infty)$ im Fall A

$B = (\Phi^{-1}(1-\alpha);\infty)$ im Fall B

$B = (-\infty;-\Phi^{-1}(1-\alpha))$ im Fall C

4.   Der Testfunktionswert $v = \dfrac{\bar{x}-\mu_0}{\sigma}\cdot\sqrt{n}$ wird errechnet.

5. H_0 wird genau dann verworfen, wenn $v \in B$ ist.

4.3.1.2   Signifikanztest für μ, normalverteilte Grundgesamtheit, unbekannte Varianz, n ≤ 30 (Einstichproben-t-Test)

1.   Festlegen der Null- bzw. Gegenhypothese

2.   Festlegen eines Signifikanzniveaus α

3.   Aufstellen einer Entscheidungsregel, indem man den Verwerfungsbereich B bestimmt. $B = (-\infty;-x_{1-\frac{\alpha}{2}})\cup(x_{1-\frac{\alpha}{2}};\infty)$ im Fall A

$B = \left(x_{1-\alpha};\infty\right)$ im Fall B

$B = \left(-\infty;-x_{1-\alpha}\right)$ im Fall C

$x_{1-\frac{\alpha}{2}}$ bzw. $x_{1-\alpha}$ sind die Fraktilswerte der t(n-1)-Verteilung.

4.   Der Testfunktionswert $v = \dfrac{\bar{x}-\mu_0}{s}\cdot\sqrt{n}$ wird errechnet.

5. H_0 wird genau dann verworfen, wenn $v \in B$ ist.

4.3.1.3   Signifikanztest für μ bei beliebig verteilter Grundgesamtheit, n > 30 (Approximativer Gaußtest)

1.   Festlegen der Nullhypothese und der Gegenhypothese.

2.   Ein Signifikanzniveau α wird festgelegt.

3.   Aufstellen einer Entscheidungsregel, indem man den Verwerfungsbereich B bestimmt. $B = (-\infty;-\Phi^{-1}(1-\frac{\alpha}{2}))\cup(\Phi^{-1}(1-\frac{\alpha}{2});\infty)$ im Fall A

$B = (\Phi^{-1}(1-\alpha);\infty)$ im Fall B

$B = (-\infty;-\Phi^{-1}(1-\alpha))$ im Fall C

4.   Den Testfunktionswert v bestimmen:

$$v = \begin{cases} \dfrac{\bar{x}-\mu}{\sigma}\cdot\sqrt{n} & wenn \quad \sigma \quad bekannt \\[2mm] \dfrac{\bar{x}-\mu}{s}\cdot\sqrt{n} & wenn \quad \sigma \quad unbekannt \\[2mm] \dfrac{\bar{x}-p_0}{\sqrt{p_0\cdot(1-p_0)}}\cdot\sqrt{n} & G \quad dichotom \end{cases}$$

Im Falle einer dichotomen Grundgesamtheit achten Sie darauf, dass $n\cdot\bar{x}\geq 5$ bzw. $n\cdot(1-\bar{x})\geq 5$ ist.

5. H_0 wird genau dann verworfen, wenn $v \in B$ ist.

4.3.1.4 Signifikanztest für die Varianz, normalverteilte Grundgesamtheit, μ bekannt (Chi-Quadrat-Test für die Varianz)

Auch hier gibt es die drei möglichen Hypothesen:

A) $H_0: \sigma^2 = \sigma_0^2$ $H_1: \sigma^2 \neq \sigma_0^2$

B) $H_0: \sigma^2 \leq \sigma_0^2$ $H_1: \sigma^2 > \sigma_0^2$

C) $H_0: \sigma^2 \geq \sigma_0^2$ $H_1: \sigma^2 < \sigma_0^2$

1. Nullhypothese und Gegenhypothese bestimmen.

2. Ein Signifikanzniveau α festlegen.

3. Aufstellen einer Entscheidungsregel, indem man den Verwerfungsbereich B bestimmt. $B = (0;x_{\frac{\alpha}{2}})\cup(x_{1-\frac{\alpha}{2}};\infty)$ im Fall A

              $B = (x_{1-\alpha};\infty)$ im Fall B

              $B = (0;x_{\alpha})$ im Fall C

x_{α}, $x_{1-\alpha}$, $x_{\frac{\alpha}{2}}$, $x_{1-\frac{\alpha}{2}}$ sind die jeweiligen Fraktile der $\chi^2(n)$-Verteilung. Für $n > 30$ ist $x_{\alpha} = \frac{1}{2}(\tilde{x}_{\alpha} + \sqrt{2n-1})^2$, wobei $\tilde{x}_{\alpha}$ das α – Fraktil der $N(0;1)$-Verteilung ist.

4. Der Testfunktionswert v wird bestimmt: $v = \dfrac{\sum\limits_{i=1}^{n}(X_i - \mu)^2}{\sigma_0^2}$

5. H_0 wird genau dann verworfen, wenn $v \in B$ ist.

4.3.1.5   Signifikanztest für die Varianz, normalverteilte Grundgesamtheit, μ unbekannt

1.   Nullhypothese und Gegenhypothese bestimmen.

2.   Ein Signifikanzniveau α festlegen.

3.   Aufstellen einer Entscheidungsregel, indem man den Verwerfungsbereich B bestimmt. $B = (0; x_{\frac{\alpha}{2}}) \cup (x_{1-\frac{\alpha}{2}}; \infty)$ im Fall A

$$B = (x_{1-\alpha}; \infty) \qquad \text{im Fall B}$$

$$B = (0; x_{\alpha}) \qquad \text{im Fall C}$$

x_{α}, $x_{1-\alpha}$, $x_{\frac{\alpha}{2}}$, $x_{1-\frac{\alpha}{2}}$ sind die jeweiligen Fraktile der χ^2(n-1)-Verteilung. Auch hier gilt, für n > 30 Annäherung durch die Normalverteilung, mit:

$x_{\alpha} = \frac{1}{2}(\tilde{x}_{\alpha} + \sqrt{2n-1})^2$, wobei $\tilde{x}_{\alpha}$ das α – Fraktil der N(0;1)-Verteilung ist.

4.   Der Testfunktionswert v wird bestimmt: $v = \dfrac{\sum\limits_{i=1}^{n}(x_i - \bar{x})^2}{\sigma_0^2} = \dfrac{(n-1) \cdot s^2}{\sigma_0^2}$

5. H_0 wird genau dann verworfen, wenn v ϵ B ist.

Beispiel 49:

Aus der Produktion einer sehr alten, ungenauen Maschine, die Nägel produziert, werden 50 Nägel entnommen und deren Länge gemessen. Es ergab sich eine Durchschnittslänge von 53 mm, mit $\sum\limits_{i=1}^{50} x_i^2 = 141810$. Die Länge der Nägel sei normalverteilt. Testen Sie zum Signifikanzniveau 0,05, ob die Varianz = 16 ist!

Signifikanztest für σ^2, normalverteilt, μ unbekannt, n > 30 → Test 4.3.1.5

   1. $H_0: \sigma^2 = \sigma_0^2 = 16$ $H_1: \sigma^2 \neq 16$ (Fall A)

   2. α = 0,05

   3. $B = (0; x_{\frac{\alpha}{2}}) \cup (x_{1-\frac{\alpha}{2}}; \infty)$

$x_{\frac{\alpha}{2}} = \frac{1}{2}(\tilde{x}_{\frac{\alpha}{2}} + \sqrt{2n-1})^2$ $\tilde{x}_{\frac{\alpha}{2}} = \Phi^{-1}(0,025) = -\Phi^{-1}(0,975) = -1,96$

$x_{\frac{\alpha}{2}} = \frac{1}{2}(-1,96 + \sqrt{2 \cdot 50 - 1})^2 = 31,92$

$x_{1-\frac{\alpha}{2}} = \frac{1}{2}(\tilde{x}_{1-\frac{\alpha}{2}} + \sqrt{2n-1})^2$ $\tilde{x}_{1-\frac{\alpha}{2}} = \Phi^{-1}(0,975) = 1,96$

$$x_{1-\frac{\alpha}{2}} = \tfrac{1}{2}(1{,}96 + \sqrt{2 \cdot 50 - 1})^2 = 70{,}92$$

$$B = (0;\, 31{,}92) \cup (70{,}92;\, \infty)$$

4. $v = \dfrac{\displaystyle\sum_{i=1}^{n}(x_i - \bar{x})^2}{\sigma_0^2} = \dfrac{(n-1)\cdot s^2}{\sigma_0^2}$; $(n-1)\cdot s^2 = \displaystyle\sum_{i=1}^{n} x_i^{\,2} - n\cdot\bar{x}^2 = 1360$

$$\sigma_0^2 = 16 \rightarrow v = \frac{1360}{16} = 85$$

5. $v \in B$: H_0 muss verworfen werden.

Beispiel 50:

Eine Firma produziert Glühbirnen mit einer durchschnittlichen, normalverteilten Lebenserwartung von 2400 h. Da sich in letzter Zeit Beschwerden bezüglich der Lebenserwartung der Glühbirnen häufen, hegt man den Verdacht, dass auf Grund veralteter Maschinen eine Qualitätsverschlechterung aufgetreten ist. Um diesen Verdacht zu überprüfen, soll ein 5% Signifikanztest durchgeführt werden. Dazu entnimmt man der laufenden Produktion 25 Glühbirnen und testet deren Lebensdauer. Es ergab sich eine Stichprobenstandardabweichung von 255. Wie groß muss das Stichprobenmittel mindestens sein, damit sich dieser Verdacht nicht bestätigt?

Lösung:

Signifikanztest für μ, normalverteilte Grundgesamtheit, unbekannte Varianz, $n < 30$:

Einstichproben – t-Test 4.3.1.2

1. H_0: $\mu > \mu_0 = 2400$ gegen: H_1: $\mu < \mu_0$

2. $\alpha = 0{,}05$

3. $B = (-\infty;\, -x_{1-\alpha})$ (Fall C); $x_{1-\alpha}$ ist der 0,95-Fraktilswert der t(24)-Verteilung

    Die Tabelle ergibt den Wert 1,711. $B = (-\infty;\, -1{,}711)$

4. $v = \dfrac{\bar{x} - \mu_0}{s} \cdot \sqrt{n}$ Der Verdacht soll sich nicht bestätigen, das heißt, H_0 darf nicht abge-

    lehnt werden, dazu muss $v \geq -1{,}711$ sein.

    $\dfrac{\bar{x} - 2400}{255} \cdot \sqrt{25} \geq -1{,}711 \Leftrightarrow \bar{x} \geq 2312{,}74$

Beispiel 51:

Eine Maschine produziert Präzisionskugellager. 7% der Produktion entsprechen nicht den hohen Anforderungen. Da der Firmenleitung der Gewinnverlust durch diesen relativ hohen

Ausschussanteil zu groß ist, erwägt man, eine neue Maschine zu bestellen. Man ist aber erst bereit, diese Maschine zu kaufen, wenn der Ausschussanteil deutlich unter 4% liegt. Um dies zu einem 1% -Niveau (hochsignifikant) zu überprüfen, lässt man 200 Kugellager von der neuen Maschine produzieren. Von diesen 200 Teilen waren 3 nicht zu gebrauchen. Zu welcher Entscheidung wird die Firmenleitung kommen?

Lösung:

Signifikanztest für μ; dichotome Grundgesamtheit; $n > 30$; $n \cdot \bar{x} = 8$; $n \cdot (1 - \bar{x}) = 192$ beides $> 5 \rightarrow$ approximativer Gaußtest (4.3.1.3)

1. H_0: $p > p_0 = 0{,}04$ gegen: H_1: $p < 0{,}04$

2. $\alpha = 0{,}01$

3. $B = (-\infty; -\Phi^{-1}(0{,}99))$ (Fall C)

    $B = (-\infty; -2{,}33)$

4. $v = \dfrac{\bar{x} - p_0}{\sqrt{p_0(1 - p_0)}} \cdot \sqrt{n}$ $v = \dfrac{0{,}015 - 0{,}04}{\sqrt{0{,}04 \cdot 0{,}96}} \cdot \sqrt{200} = -1{,}804$

5. Bei diesem hochsignifikanten Test, die Firma scheut die offenbar sehr hohen Anschaffungskosten, kann die Nullhypothese nicht abgelehnt werden und die Firma wird diese Maschine nicht kaufen. Wäre man ein bisschen risikobereiter und ließe eine Irrtumswahrscheinlichkeit von 5% zu, dann läge die Grenze des Ablehnungsbereichs bei -1,645, die Nullhypothese müsste abgelehnt werden und die Maschine würde gekauft werden.

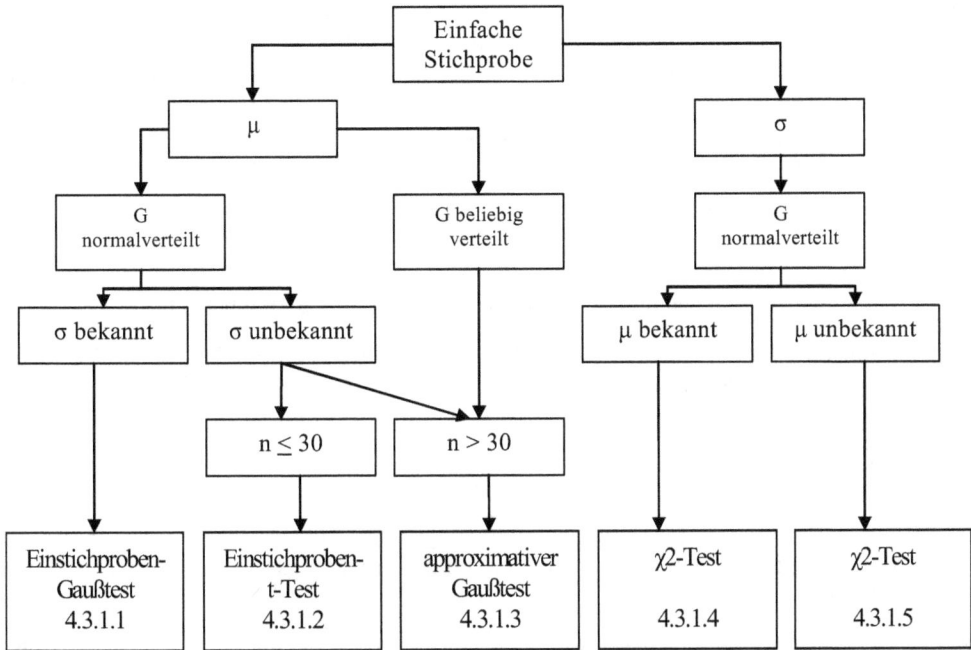

Abbildung 36: Entscheidungsbaum für Parametertests

Aufgaben:

76)   Verkehrsmessungen haben ergeben, dass in einer Straße, in der die Geschwindigkeit auf 30 kmh^{-1} begrenzt ist, 20% der Autofahrer zu schnell sind. Daraufhin entschließt sich eine Elterninitiative, bunte, lebensgroße, Fußball spielende Pappkinder aufzustellen, in der Hoffnung, dass sich der Anteil der zu schnellen Autos deutlich senkt. Anschließend wird an einem zufällig ausgewählten Wochentag die Geschwindigkeit aller vorbeifahrenden Autos gemessen. Es ergab sich, dass von 237 Autos 31 zu schnell waren. Kann man auf Grund dieser Stichprobe davon ausgehen, dass die Zahl der zu schnell fahrenden Autos mit 95%iger Sicherheit weniger als 20% beträgt?

77)   Die Tageseinnahmen eines Kiosks seien annähernd normalverteilt, mit dem Erwartungswert 460. Eines Tages wird gegenüber diesem Kiosk ein Einkaufszentrum eröffnet. Der Kioskbesitzer vermutet, dass das Einkaufszentrum auch Einfluss auf seinen Umsatz hat. Er stellt deshalb die Tageseinnahmen von 9 Tagen in folgender Tabelle zusammen:

Tag	1	2	3	4	5	6	7	8	9
Einnahmen	395	470	473	458	430	387	503	361	303

Testen Sie zu dem Signifikanzniveau 0,1, ob die Tageseinnahmen zurückgegangen sind oder nicht!

78)   Die alte Nagelmaschine von Aufgabe 67, die Nägel mit einer Solllänge von 50 mm produziert und eine Standardabweichung von 4 mm hat, soll durch eine neue, präzisere Maschine ersetzt werden. Der Hersteller der neuen Maschine behauptet, dass die Standardabweichung dieser Maschine nicht höher ist als 0,5 mm. Um diese Behauptung auf einem 6%-Niveau zu überprüfen, werden 9 Nägel entnommen, die die folgenden Längen aufweisen:

50;   49,3;   49;   50;   50;   50,5;   49,8;   50;   51,4

Prüfen Sie, ob der Maschinenhersteller Recht hat! (Gehen Sie bitte davon aus, dass die Länge immer noch normalverteilt ist und dass μ mit 50 mm bekannt ist.)

79)   Beim Würfeln mit einem idealen Würfel erscheint jede Zahl im Schnitt mit der Wahrscheinlichkeit 1/6, der Erwartungswert ist demnach 3,5. Jemand möchte einen Würfel testen. Dazu würfelt er 600 Mal. Das Ergebnis fasst er in der folgenden Tabelle zusammen:

a_i	1	2	3	4	5	6
$h(a_i)$	87	98	105	101	99	110

Prüfen Sie zum Signifikanzniveau 0,05, ob der Erwartungswert des Würfels wirklich 3,5 ist!

80)   Der getestete Erwartungswert sagt noch nicht wirklich viel über den Würfel aus (siehe Lösung zu Aufgabe 79). Deshalb möchte man jetzt wissen, ob die 6 mit der Wahrscheinlichkeit 1/6 gewürfelt wird oder nicht. (Gleiche Angaben wie Aufgabe 79) Die zugestandene Fehlerwahrscheinlichkeit betrage wieder 5%.

81)   Das Farbpulver von Kartuschen für Büro-Laserkopierer reicht durchschnittlich für 40000 Seiten bei einer Standardabweichung von 2000 Seiten. Um die Druckqualität zu verbessern, wurde die Zusammensetzung des Farbpulvers geändert. Es soll zu einem Signifikanzniveau von 5% überprüft werden, ob sich dadurch auch die Druckkapazität verändert hat. Dazu werden 100 Kopierer mit neuen Kartuschen bestückt. Es ergab sich eine durchschnittliche Druckleistung von 40392 Seiten.

4.3.2   Verteilungstests

4.3.2.1   Der Chi-Quadrat-Anpassungstest

Es wird die Hypothese getestet, ob die Verteilung einer Grundgesamtheit einer bestimmten hypothetischen Verteilung entspricht. Grundlage dieses Tests ist natürlich eine Stichprobe vom Umfang n, deren Ausprägungen in k Intervalle eingeteilt werden. Dann notiert man die beobachteten Häufigkeiten h_j und berechnet die erwarteten Häufigkeiten np_j für den Fall, dass die Nullhypothese zutreffen sollte. Die Nullhypothese wird dann nicht verworfen, wenn die Differenz zwischen den beobachteten Häufigkeiten und den erwarteten Häufigkeiten nicht zu groß ist.

Die Testgröße $v = \sum_{j=1}^{k} \frac{(h_j - np_j)^2}{np_j} = \frac{1}{n} \sum_{j=1}^{k} \frac{h_j^2}{p_j} - n$ ist eine Summe von Quadraten und unter-

liegt somit der χ^2-Verteilung. Ein großer Wert für v deutet auf einen großen Unterschied zwischen beobachteten und erwarteten Werten hin, ab einer bestimmten Grenze ist H_0 demnach abzulehnen. Die Obergrenze für den Annahmebereich bildet das $(1 - \alpha)$-Fraktil der $\chi^2(k-1)$-Verteilung bzw. der $\chi^2(k-r-1)$-Verteilung. Es gibt nämlich häufig zwei Möglichkeiten. Z.B. hängt die Normalverteilung von den beiden Parametern μ und σ ab. Nun kann man einen Test auf Normalverteilung durchführen, in dem μ und σ genau spezifiziert sind, oder man testet, ob die Grundgesamtheit überhaupt normalverteilt ist, in diesem Fall müssen μ und σ ersetzt werden durch die Schätzwerte $\overline{x}$ und s und die Zahl der Freiheitsgrade verringert sich um die Anzahl r der geschätzten Parameter.

Die Intervalle müssen so ausgewählt werden, dass in jedem Intervall $np \geq 5$ ist. Nach der Berechnung von np_j müssen gegebenenfalls Intervalle zusammengelegt werden.

Vorgehensweise:

1.   Festlegen der Nullhypothese und der Gegenhypothese

2.   Ein Signifikanzniveau α wird bestimmt

3.   Ermittlung des Testfunktionswertes v:

    1.   Einteilen der Stichprobe in $k \geq 2$ disjunkte, aneinander grenzende Intervalle

    2.   Für jedes Intervall wird die Häufigkeit h_j der in diesem Intervall liegenden Beobachtungswerte notiert.

    3.   Für jedes Intervall wird die Wahrscheinlichkeit p_j und der Wert np_j berechnet, wenn die Grundgesamtheit der vermuteten Verteilung F_0 genügt.

    4. $$v = \sum_{j=1}^{k} \frac{(h_j - np_j)^2}{np_j} = \frac{1}{n} \sum_{j=1}^{k} \frac{h_j^2}{p_j} - n$$

4.   Mit der Bestimmung des Ablehnungsbereichs wird eine Entscheidungsregel aufgestellt: $B = (x_{1-\alpha}; \infty)$, wobei $x_{1-\alpha}$ das $(1-\alpha)$-Fraktil der χ^2 (k-1)- bzw. χ^2 (k-r-1)-Verteilung ist.

5.   Die Nullhypothese wird genau dann abgelehnt, wenn v Element des Ablehnungsbereichs ist.

Beispiel 52:

Es soll überprüft werden, ob der Würfel von Aufgabe 79 ein fairer Würfel ist, das heißt, ob jede Zahl mit der Wahrscheinlichkeit 1/6 gewürfelt wird. Das Signifikanzniveau soll 0,05 sein, die Ergebnisse von Aufgabe 79 sollen gelten.

a_i	1	2	3	4	5	6
$h(a_i)$	87	98	105	101	99	110

1. $H_0: F = F_0$, mit $F_0 = \begin{cases} 0 & \text{für} & x < 1 \\ \frac{1}{6} & \text{für} & x \le 1 \\ \frac{2}{6} & \text{für} & x \le 2 \\ \frac{3}{6} & \text{für} & x \le 3 \\ \frac{4}{6} & \text{für} & x \le 4 \\ \frac{5}{6} & \text{für} & x \le 5 \\ 1 & \text{für} & x > 5 \end{cases}$ $H_1: F \ne F_0$

2. $\alpha = 0,05$

3.

Intervall	$(-\infty; 1]$	$(1; 2]$	$(2; 3]$	$(3; 4]$	$(4; 5]$	$(8; \infty)$
$h(a_j)$	87	98	105	101	99	110
p_j	1/6	1/6	1/6	1/6	1/6	1/6
np_j	100	100	100	100	100	100

$$v = \sum_{j=1}^{k} \frac{(h_j - np_j)^2}{np_j} = \frac{(87-100)^2}{100} + \frac{(98-100)^2}{100} + \ldots + \frac{(110-100)^2}{100} = 3$$

$$\text{oder:} \quad v = \frac{1}{n} \cdot \sum_{j=1}^{k} \frac{h_j^2}{p_j} - n = \frac{1}{600} \cdot \left(\frac{87^2}{\frac{1}{6}} + \frac{98^2}{\frac{1}{6}} + \ldots + \frac{110^2}{\frac{1}{6}} \right) - 600 = 3$$

4. $x_{1-\alpha} = \chi^2_{0,95}(5) = 11,07$

     $B = (11,07; \infty)$

5. H_0 kann nicht abgelehnt werden, der Würfel scheint in Ordnung zu sein.

Beispiel 53:

Es soll auf 5%-Niveau überprüft werden, ob die Länge der Nägel der neuen Maschine von Aufgabe 78 wirklich N(50; 0,5)-verteilt ist. Dazu wurden 10 000 Nägel entnommen und deren Länge gemessen. Folgende klassierte Werte ergaben sich:

von – bis unter	absolute Häufigkeit
0 – 48,75	48
48,75 – 49,35	920
49,35 – 50,0	4060
50,0 – 50,65	4068
50,65 – 51,25	864
51,25 - ∞	40

1. H_0: $F = F_0 = N(50;0,5)$-verteilt H_1: $F \neq N(50;0,5)$-verteilt

2. $\alpha = 0,05$

3. A_j: (-∞; 48,75) [48,75; 49,35) [49,35; 50) [50; 50,65) [50,65; 51,25) [51,25; ∞)

   Umrechnen der Intervallgrenzen in die N(0;1)-Verteilung:

   $\dfrac{x-50}{0,5}$: (-∞; -2,5)   [-2,5; -1,3)   [-1,3; 0)   [0; 1,3)   [1,3; 2,5)   [2,5; ∞)

   h_j: 48   920   4060   4068   864   40

   p_j: 0,0062   0,0906   0,4032   0,4032   0,0906   0,0062

   np_j: 62   906   4032   4032   906   62

   (falls Sie die zweite Formel für v nehmen, brauchen Sie diese Zeile eigentlich nicht, trotzdem ist sie oft sinnvoll, um zu überprüfen, ob np_j in jedem Intervall mindestens 5 beträgt.)

   $$v = \frac{1}{n} \cdot \sum_{j=1}^{k} \frac{h_j^2}{p_j} - n$$

   $$v = \frac{1}{10000} \cdot \left(\frac{48^2}{0,0062} + \frac{920^2}{0,0906} + ... + \frac{40^2}{0,0062} \right) - 10000$$

   $v = 13,65$

4. $x_{1-\alpha} = \chi^2_{0,95}(5) = 11,07$ → $B = (11,07; \infty)$

5. Die Nullhypothese muss abgelehnt werden.

Das heißt allerdings nicht, dass die Länge der Nägel überhaupt nicht normalverteilt ist. Sie ist aber mit hoher Wahrscheinlichkeit nicht N(50; 0,5)-verteilt.

Beispiel 54:

Aus einer Grundgesamtheit wird eine Stichprobe vom Umfang n = 100 gezogen. Es ergaben sich folgende Werte:

	Klassenmitte	Häufigkeit
x ≤ 20	17,5	3
20 < x ≤ 25	22,5	15
25 < x ≤ 30	27,7	33
30 < x ≤ 35	32,5	32
35 < x ≤ 40	37,5	15
40 < x	50	2

Testen Sie zum Signifikanzniveau 0,05, ob die Grundgesamtheit normalverteilt ist!

1. H_0: F ist normalverteilt H_1: F ist nicht normalverteilt

2. $\alpha = 0,05$

3.   Berechnung von v:

Da hier nur auf die Familie Normalverteilung getestet werden soll, ohne dass μ und σ spezifiziert sind, müssen zunächst die Schätzwerte $\bar{x}$ und s für μ und σ bestimmt werden:

Mit Hilfe der Klassenmitten ergibt sich für $\bar{x}$ = 30 und für s = 5,83. (Die Klassen-mitten für das erste und das letzte Intervall liegen mehr oder weniger in der Macht des Statistikers. Er sollte aber bei Kenntnis der Streuung innerhalb der Klassen eini-germaßen realistisch entscheiden. Machen Sie sich keine Gedanken wegen der 50 in der letzten Klasse, die wurde willkürlich gewählt, um ein bequemes $\bar{x}$ zu erzielen. Nehmen Sie einfach an, die Werte oberhalb der 40 sind stärker gestreut.)

Intervall A_j	N(0;1)-Intervall	h_j	p_j	$n \cdot p_j$
x ≤ 20	(-∞ ;-1,72]	3	0,0427	4,27
20 < x ≤ 25	(-1,72;-0,86]	15	0,1522	15,22
25 < x ≤ 30	(-0,86; 0]	33	0,3051	30,51
30 < x ≤ 35	(0 ; 0,86]	32	0,3051	30,51
35 < x ≤ 40	(0,86 ; 1,72]	15	0,1522	15,22
40 < x	(1,72 ; ∞)	2	0,0427	4,27

Im ersten und im letzten Intervall ist $np_j < 5$. Deshalb werden die ersten beiden und die letzten beiden Intervalle jeweils zu einem Intervall zusammengefasst:

Intervall j	N(0;1)-Intervall	h_j	p_j	$n \cdot p_j$	$(h_j - np_j)^2 / np_j$
x ≤ 25	(-∞ ; -0,86]	18	0,1949	19,49	0,1139
25 < x ≤ 30	(-0,86; 0]	33	0,3051	30,51	0,2032
30 < x ≤ 35	(0 ; 0,86]	32	0,3051	30,51	0,0728
35 < x	(0,86 ; ∞]	17	0,1949	19,49	0,3181

$$\sum 0,708$$

$v = 0,708$

Bei der Ermittlung des Testfunktionswertes bleibt es natürlich Ihnen überlassen, welche Tabellenform und welche Formel Sie wählen.

4. Bestimmung des Ablehnungsbereichs:

Da zwei Parameter geschätzt wurden, ist $x_{1-\alpha}$ jetzt das 0,95-Fraktil der

$\chi^2(4-2-1)$-Verteilung. $\chi^2_{0,95}(1) = 3,84$

$B = (\,3,84;\,\infty)$

5. Die Nullhypothese kann nicht abgelehnt werden.

Aufgaben:

82)   Gregor Johann Mendel (1822 – 1884) hat unter anderem gelbe, runde Erbsen mit grünen, kantigen Erbsen gekreuzt. Dabei hatten alle Exemplare der F_1-Generation (die erste Nachkommengeneration) die Eigenschaften gelb und rund. Das heißt, gelb war dominant gegenüber grün und rund dominant gegenüber kantig. Die Kreuzung der F_1 Generation untereinander ergab Erbsen mit den Eigenschaften gelb-rund, gelb-kantig, grün-rund und grün-kantig. Mendel konnte theoretisch nachweisen, dass die Phänotypen im Verhältnis 9:3:3:1 auftreten. Jemand vollzieht dieses Experiment nach und erhält in der 2. Generation 97 gelb-runde Exemplare, 28 gelb-kantige, 26 grün-runde und 9 grün-kantige. Zeigen Sie bei einem Signifikanzniveau von 0,05, dass dieses Experiment die Behauptung Mendels stützt!

83)   Für genügend große n (n > 30) ist die Summe $\displaystyle\sum_{i=1}^{k} X_i$ unabhängig von der Verteilung der Grundgesamtheit annähernd normalverteilt. Damit ist auch das Stichprobenmittel $\displaystyle\overline{X} = \frac{1}{k}\sum_{i=1}^{k} X_i$ annähernd normalverteilt. Sie sollen testen, ob die $\displaystyle\sum_{i=1}^{k} X_i$ bei einer gleichmäßigen diskreten Verteilung für n = 30 und k = 8 schon annähernd normalverteilt ist.

Werfen Sie dazu 8 Würfel gleichzeitig 30 Mal, notieren Sie jeweils die Augensumme und überprüfen Sie zum Signifikanzniveau 0,025, ob man hier von einer N(28; σ)-Verteilung sprechen kann!

84)   Ein Student, der sein Studium teilweise dadurch finanziert, dass er nachts Taxi fährt, misst für 40 Fahrten die Wartezeiten. Er kam zu folgenden Werten:

Wartezeit in min.	Häufigkeit
$x \le 5$	17
$5 < x \le 10$	7
$10 < x \le 15$	6
$15 < x$	10

Prüfen Sie zum Signifikanzniveau 0,05, ob die Wartezeit exponentialverteilt ist mit dem Parameter $\lambda = 0{,}1$!

4.3.2.2   Der Chi-Quadrat-Unabhängigkeitstest (Kontingenztest)

Innerhalb einer Stichprobe werden zwei Merkmale X und Y beobachtet und es wird untersucht, ob die beiden Merkmale voneinander unabhängig sind. Dabei wird in der Nullhypothese immer davon ausgegangen, dass die beiden Parameter unabhängig sind.Grundlage des Chi-Quadrat-Unabhängigkeitstests ist eine Kontingenztabelle, in die zunächst die beobachteten Häufigkeiten (ho$_{ij}$) und die Randhäufigkeiten eingetragen werden.

Beispiel 55:

Geschlecht / Spielzeug	männlich	weiblich	
Auto	he$_{11}$ 36 ho$_{11}$ 50	he$_{12}$ 24 ho$_{12}$ 10	60
Puppe	he$_{21}$ 24 ho$_{21}$ 10	he$_{22}$ 12 ho$_{22}$ 30	40
	60	40	100

Diese Tabelle kennen Sie aus Kapitel 1.3.2.1. Dort ging es um den Kontingenzkoeffizienten bei einer Vollerhebung, das heißt, alle Merkmalsträger der Grundgesamtheit wurden in die Datenerhebung einbezogen. Dieser Koeffizient wurde über die Größe

$$\chi^2 = \sum_{i=1}^{k} \sum_{j=1}^{l} \frac{(h_{ij} - \tilde{h}_{ij})^2}{\tilde{h}_{ij}}$$ berechnet. Genau dieser Wert ist beim Unabhängigkeitstest der

Testfunktionswert v. Dabei gilt: $h_{ij} \hateq$ ho$_{ij}$ (beobachtete Werte) und $\tilde{h}_{ij} \hateq$ he$_{ij}$ (bei Unabhängigkeit erwartete Werte). Nach der Definition für Unabhängigkeit [$p(A \cap B) = p(A) \cdot p(B)$] lassen sich die he$_{ij}$ berechnen, indem die jeweiligen Randhäufigkeiten multipliziert und durch die Gesamtzahl n geteilt werden. Es ist also beispielsweise he$_{12}$ (1. Zeile, 2.Spalte) = 60 (Randhäufigkeit erste Zeile) mal 40 (Randhäufigkeit 2. Spalte) geteilt durch 100 = 24.

Da es in der induktiven Statistik nicht um Vollerhebungen geht, sondern um Stichproben, kann man selbst bei Unabhängigkeit nicht davon ausgehen, dass die beobachteten Werte völlig mit den erwarteten Werten übereinstimmen, $\chi^2 = v$ also Null wird. Aber, ein kleiner Wert für v deutet auf Unabhängigkeit, ein großer Wert auf Abhängigkeit hin.

Vorgehensweise:

1.   Aufstellen der Nullhypothese und der Gegenhypothese

2.   Festlegen des Signifikanzniveaus α.

3.   Aufstellen der Kontingenztabelle mit den Randhäufigkeiten und den Werten he$_{ij}$.

4.   Berechnen des Testfunktionswertes v:

$$v = \sum_{i=1}^{k} \sum_{j=1}^{l} \frac{(ho_{ij} - he_{ij})^2}{he_{ij}} \quad \text{bzw.} \quad v = \sum_{i=1}^{k} \sum_{j=1}^{l} \frac{ho_{ij}^2}{he_{ij}} - n$$

5.   Festlegen des Ablehnungsbereichs B:

      B = $(x_{1-\alpha}; \infty)$, wobei $x_{1-\alpha}$ das $(1-\alpha)$-Fraktil der χ^2-$((k-1)\cdot(l-1))$-Verteilung ist. k und l sind die Zeilen - bzw. Spaltenzahl der Kontingenztabelle.

6.   Die Nullhypothese wird abgelehnt, wenn v ϵ B ist.

Auch bei diesem Test gilt als Bedingung, $he_{ij} > 5$ für alle i, j. Sollte das für ein oder mehrere Felder nicht der Fall sein, müssen entsprechende Zeilen oder Spalten zusammengelegt werden.

Aufgaben:

85)   200 Personen wurden nach ihrer Berufsgruppe und der ihres Vaters befragt. Es ergaben sich folgende Merkmalskombinationen und deren Häufigkeiten (vgl. Aufgabe 20):

Sohn	Vater	Häufigkeit
Arbeiter	Arbeiter	40
Arbeiter	Angestellter	10
Arbeiter	Beamter	0
Arbeiter	Selbständiger	0
Angestellter	Arbeiter	40
Angestellter	Angestellter	25
Angestellter	Beamter	5
Angestellter	Selbständiger	10
Beamter	Arbeiter	10
Beamter	Angestellter	25
Beamter	Beamter	25
Beamter	Selbständiger	0
Selbständiger	Arbeiter	0
Selbständiger	Angestellter	0
Selbständiger	Beamter	0
Selbständiger	Selbständiger	10

      Prüfen Sie zum Signifikanzniveau 0,1, ob die Merkmale „Beruf des Sohnes" und „Beruf des Vaters" unabhängig sind!

86)   100 Haustierbesitzer wurden nach der Art ihres Haustiers (Hund, Katze, Hamster) und nach ihrem Einkommen (unter 1000,- von 1000,- bis 3000 und über 3000,-€) befragt. Es ergab sich folgende Tabelle:

Haustier Einkommen	Hund	Katze	Hamster
unter 1000	3	1	16
1000 – 3000	30	25	10
über 3000	7	4	4

Überprüfen Sie zum Signifikanzniveau 0,05, ob die Merkmale „Haustier" und „Einkommen" unabhängig sind!

87)   Die Untersuchung aus Aufgabe 86wird jetzt beschränkt auf Hunde- und Katzenbesitzer. Untersuchen Sie die Abhängigkeit der Merkmale unter dieser Prämisse!

4.3.3   Vergleichstests (Zweistichproben-Tests)

4.3.3.1   Vergleich zweier Erwartungswerte (Differenzentest)
Man hat zwei Grundgesamtheiten, zieht aus jeder Grundgesamtheit je eine Stichprobe vom Umfang n_1 bzw. n_2 und berechnet die Stichprobenmittelwerte $\overline{X}$ bzw. $\overline{Y}$. Beim Differenzentest interessiert man sich dafür, ob die beiden Erwartungswerte μ_1 und μ_2 übereinstimmen oder nicht, bzw. ob einer der beiden Erwartungswerte deutlich größer oder kleiner ist als der andere. Folglich gibt es drei mögliche Null- bzw. Gegenhypothesen:

	Nullhypothese	Gegenhypothese	Ablehnungsbereiche:
A:	H_0: $\mu_1 = \mu_2$ bzw. $\mu_1 - \mu_2 = 0$	H_1: $\mu_1 \neq \mu_2$	$(-\infty; -x_{1-\alpha/2})$ oder $(x_{1-\alpha/2};\infty)$
B:	H_0: $\mu_1 \leq \mu_2$ $\mu_1 - \mu_2 \leq 0$	H_1: $\mu_1 > \mu_2$	$(x_{1-\alpha};\infty)$
C:	H_0: $\mu_1 \geq \mu_2$ $\mu_1 - \mu_2 \geq 0$	H_1: $\mu_1 < \mu_2$	$(-\infty; -x_{1-\alpha})$

Grundlage des Testfunktionswertes ist die Differenz $D = \overline{X} - \overline{Y}$ (daher der Name Differenzentest), die bei Übereinstimmung der beiden Erwartungswerte nahe Null sein müsste. Bei großen Testfunktionswerten wird man deshalb die Nullhypothese ablehnen.

So weit so gut. Leider kommt nun noch die Standardabweichung von D, σ_D, ins Spiel, die die Angelegenheit kompliziert macht. Es sind nämlich folgende 4 Fälle zu unterscheiden:

1. σ_1 und σ_2 sind bekannt und die beiden Grundgesamtheiten sind normalverteilt, dann gilt:

$$\sigma_D = \sqrt{\frac{\sigma_1^2}{n_1} + \frac{\sigma_2^2}{n_2}}$$

2. σ_1 und σ_2 sind unbekannt, aber $\sigma_1 = \sigma_2$, und G_1 und G_2 sind normalverteilt, dann kann σ_D geschätzt werden:

$$\hat{\sigma}_D = \sqrt{\frac{(n_1 - 1)S_1^2 + (n_2 - 1)S_2^2}{n_1 + n_2 - 2} \cdot \frac{n_1 + n_2}{n_1 \cdot n_2}}$$

3. G_1 und G_2 sind dichotom und es gilt: $np > 5$ und $n(1-p) > 5$ für X und Y, dann ist

$$\hat{\sigma}_D = \sqrt{\frac{\left(\sum X_i + \sum Y_i\right) \cdot \left(n_1 + n_2 - \sum X_i - \sum Y_i\right)}{\left(n_1 + n_2\right) \cdot n_1 \cdot n_2}}$$

4.   Die Grundgesamtheiten sind beliebig verteilt, es gilt $n_1 > 30$ und $n_2 > 30$:

$$\hat{\sigma}_D = \sqrt{\frac{S_1^2}{n_1} + \frac{S_2^2}{n_2}} \quad \text{bzw., falls } \sigma \text{ bekannt ist: } \hat{\sigma}_D = \sqrt{\frac{\sigma_1^2}{n_1} + \frac{\sigma_2^2}{n_2}}$$

Für den Testfunktionswert gibt es zwei Möglichkeiten: Entweder Sie setzen $v = \dfrac{\overline{X} - \overline{Y}}{\sigma_D}$, die Grenzen des Ablehnungsbereiches sind dann $\pm\, x_{1-\alpha}$, bzw. $\pm\, x_{1-\alpha/2}$ wobei $x_{1-\alpha}$ das $(1-\alpha)$–Fraktil der $N(0;1)$-Verteilung oder das $(1-\alpha)$–Fraktil der $t(n_1 + n_2 - 2)$-Verteilung für den 2. Fall und $n_1 + n_2 - 2 \le 30$ ist.

Die zweite und, wie ich finde, anschaulichere Möglichkeit: $v = \overline{X} - \overline{Y}$, dann müssen die Grenzen des Ablehnungsbereichs noch jeweils mit σ_D multipliziert werden.

Beispiel 56:

Eine Partei möchte Ihre Wahlkampfmittel verstärkt dort einsetzen, wo es nötig ist. Man vermutet, dass der Anteil ihrer Wähler in den alten Bundesländern höher ist als in den neuen. Von 1500 befragten Wahlberechtigten in den alten Bundesländern würden 345 die Partei wählen, von 1000 Wahlberechtigten in den neuen Bundesländern 205. Wenn Sie von einem Signifikanzniveau von 0,025 ausgehen, wird dann die Vermutung bestärkt oder muss sie verworfen werden?

1. H_0: $p_1 \le p_2$ $\qquad\qquad\qquad$ H_1: $p_1 > p_2$

2. $\alpha = 0{,}025$

3. $n_1 \quad = 1500$ $\qquad\qquad$ $n_2 \quad = 1000$

$p_1 \quad = 0{,}23$ $\qquad\qquad$ $p_2 \quad = 0{,}205$

$np_1 \quad = 345$ $\qquad\qquad$ $np_2 \quad = 205$

$n(1-p_1) = 1155$ (beides > 5) $\qquad$ $n(1-p_2) = 795$ (beides > 5)

$D = p_1 - p_2 = 0{,}025$

$$\hat{\sigma}_D = \sqrt{\frac{\left(\sum X_i + \sum Y_i\right) \cdot \left(n_1 + n_2 - \sum X_i - \sum Y_i\right)}{\left(n_1 + n_2\right) \cdot n_1 \cdot n_2}}$$

$$\hat{\sigma}_D = \sqrt{\frac{(345+205)\cdot(1500+1000-345-205)}{(1500+1000)\cdot1500\cdot1000}} = 0,0169$$

4. $x_\alpha = \Phi^{-1}(0,975) = 1,96 \quad \hat{\sigma} \cdot x_\alpha = 0,0169 \cdot 1,96 = 0,033$

→ $B = (0,033; \infty)$

5.   Die Nullhypothese kann nicht abgelehnt werden. Die Akzeptanz ist in den alten Bundesländern nicht höher als in den neuen.

Oder: $v = \dfrac{\bar{x}-\bar{y}}{\hat{\sigma}_D} = 1,48$, dann ist $B = (1,96; \infty)$ Auch hier kann die

Nullhypothese nicht abgelehnt werden.

Naturgemäß werden Sie sich sehr häufig mit dem zweiten Fall konfrontiert sehen, die Grundgesamtheiten sind normalverteilt und die Standardabweichungen unbekannt. Dann muss die Bedingung $\sigma_1 = \sigma_2$ gelten. Woher soll man das aber wissen, wenn die Standardabweichungen unbekannt sind? Dafür gibt es einen sehr einfachen Test:

Der Testfunktionswert ist in diesem Fall F, mit $F = \dfrac{S_{major}^2}{S_{min\,or}^2}$. Dabei ist S_{major} die größere und

S_{minor} die kleinere der beiden Stichprobenstandardabweichungen.

Die Prüfgröße F ist F-verteilt mit (n_{major}-1, n_{minor}-1) Freiheitsgraden. Für das Signifikanzniveau gilt: $\alpha = 0,05$.

Der Ablehnungsbereich ist $B = \{[F^{-1}_{1-\alpha}(n_{major}-1, n_{minor}-1)]; \infty\}$

Beispiel 57:

Eine Abiturientin steht vor der Wahl zwischen zwei Universitäten A und B, an denen sie studieren könnte. Sie besichtigt beide und beide bieten ungefähr gleich gute Bedingungen. Also macht sie ihre Entscheidung vom Durchschnittsalter der Studenten abhängig, wobei man davon ausgehen kann, dass das Alter der Studenten annähernd normalverteilt ist. Sie befragt also 10 Studenten der Universität A und 8 Studenten der Universität B nach deren Alter. Es ergab sich:

$n_1 = 10,$ $n_2 = 8$

$\bar{x} = 23$ $\bar{y} = 25$

$s_1 = 2,1$ $s_2 = 1,9$

Sie überprüft zum Signifikanzniveau 0,05, ob die Durchschnittsalter an beiden Universitäten gleich sind oder nicht.

Zunächst muss sie überprüfen, ob sie mit gleichen Standardabweichungen rechnen kann:

$F = \dfrac{4,41}{3,61} = 1,22$ Die Tabelle der F-Verteilung ergibt für $F^{-1}_{0,95}(9;\ 7)$ den Wert 3,68.

Der Testfunktionswert liegt nicht im Ablehnungsbereich, also kann man davon ausgehen, dass $\sigma_1 = \sigma_2$, und der eigentliche Test kann beginnen.

1. H_0: $\mu_1 = \mu_2$ H_1: $\mu_1 \neq \mu_2$

2. $\alpha = 0,05$

3. $\bar{x} - \bar{y} = -2$

$$\hat{\sigma}_D = \sqrt{\frac{S_1^2}{n_1} + \frac{S_2^2}{n_2}} \qquad \hat{\sigma}_D = \sqrt{\frac{4,41}{10} + \frac{3,61}{8}} = 0,945$$

4. $x_\alpha = \Phi^{-1}(0,975) = 1,96 \quad \hat{\sigma} \cdot x_\alpha = 0,945 \cdot 1,96 = 1,85$

        $B = (-\infty;\ -1,85) \cup (1,85; \infty)$ -2 ϵ B

        Oder: $v = \dfrac{\bar{x} - \bar{y}}{\hat{\sigma}_D} = \dfrac{-2}{0,945} = -2,12$ und $B = (-\infty;\ -1,96) \cup (1,96; \infty)$

        -2,12 ϵ B

5.   Die Nullhypothese muss abgelehnt werden. Da das Durchschnittsalter der Befragung an der Universität A niedriger war, wird sie sich für A entscheiden, wenn sie nicht so sehr auf ältere Herren steht.

4.3.3.2   Vergleich zweier Varianzen (Zweistichproben-F-Test)

Voraussetzung für die sinnvolle Anwendbarkeit dieses Tests ist die Normalverteilung der Grundgesamtheiten. Einen verkürzten Varianztest haben wir schon in Beispiel 57 aus 4.3.3.1 durchgeführt. Auch bei dem Vergleich zweier Varianzen gibt es die drei Möglichkeiten:

	Nullhypothese:		Gegenhypothese:	Ablehnungsbereich:
A:	H_0: $\sigma_1{}^2 = \sigma_2{}^2$ bzw.:	$\dfrac{\sigma_1}{\sigma_2} = 1$	H_1: $\sigma_1{}^2 \neq \sigma_2{}^2$	$(0;\ \dfrac{1}{x_{1-\alpha/2}})$ oder $(x_{1-\alpha/2};\ \infty)$
B:	H_0: $\sigma_1{}^2 \leq \sigma_2{}^2$	$\dfrac{\sigma_1}{\sigma_2} \leq 1$	H_1: $\sigma_1{}^2 > \sigma_2{}^2$	$(x_{1-\alpha};\ \infty)$
C:	H_0: $\sigma_1{}^2 \geq \sigma_2{}^2$	$\dfrac{\sigma_1}{\sigma_2} \geq 1$	H_1: $\sigma_1{}^2 < \sigma_2{}^2$	$(0;\ \dfrac{1}{x_{1-\alpha}})$

Der Testfunktionswert ist $\dfrac{S_1^2}{S_2^2}$ und $x_{1-\alpha}$ ist das $(1-\alpha)$-Fraktil der $F(n_1-1;n_2-1)$-Verteilung, wo-

bei gilt: $F^{-1}_{\alpha}(m;n) = \dfrac{1}{F^{-1}_{(1-\alpha)}(n;m)}$.

Beispiel 58:

$F^{-1}_{0,95}(5;7) = 3,97$ und $F^{-1}_{0,05}(7;5) = \frac{1}{3,97} = 0,252$

Arbeitsschritte:

1. Nullhypothese und Gegenhypothese festlegen.

2. Signifikanzniveau α festlegen.

3. Aufstellen einer Entscheidungsregel, indem der Ablehnungsbereich B festgelegt wird.

4. Den Testfunktionswert v bestimmen, mit $v = \dfrac{S_1^2}{S_2^2}$.

5. Die Nullhypothese wird genau dann abgelehnt, wenn v Element B ist.

Beispiel 59:

Stichproben mit $n_1 = n_2 = 9$ aus zwei Grundgesamtheiten haben die beiden Stichprobenvarianzen $s_1 = 23,4$ und $s_2 = 22,1$ ergeben. Testen Sie zum Signifikanzniveau 0,1, ob die Varianzen der Grundgesamtheit gleich oder ungleich sind!

Lösung:

1. $H_0: \sigma_1^2 = \sigma_2^2$ $\qquad\qquad\qquad$ $H_1: \sigma_1^2 \neq \sigma_2^2$

2. $\alpha = 0,1$

3. $F^{-1}_{0,95}(8;8) = 3,44;$ $\quad F^{-1}_{0,05}(8;8) = 1{:}3,44 = 0,29$

    $B = (-\infty; 0,29)$ oder $(3,44; \infty)$

4. $v = \dfrac{547,56}{488,41} = 1,12$

5. Der Testfunktionswert ist nicht im Ablehnungsbereich, man kann davon ausgehen, dass die Varianzen der Grundgesamtheiten gleich sind.

Aufgaben:

88) Der Dekan einer wirtschaftswissenschaftlichen Fakultät vermutet, dass die Statistikleistungen der Studenten des Studienganges BWL etwas besser sind als die des Studienganges Internationales Management (IM). Er wählt zufällig 12 Studenten aus und notiert die Prüfungsnoten.

BWL (μ_1)	3	3	2	5	4	2	4
IM (μ_2)	5	1	3	3	4		

Testen Sie zum Signifikanzniveau 0,05, ob die BWL-Studenten besser sind als die IM-Studenten. (Es soll angenommen werden, dass die Prüfungsergebnisse normalverteilt sind mit gleichen Varianzen.)

89) Prüfen Sie zum Signifikanzniveau 0,02, ob die Varianzen der Prüfungsergebnisse aus Aufgabe 88 gleich oder ungleich sind!

90) Zwei Kaufhäuser verkaufen an 16 zufällig ausgewählten Tagen folgende Quantitäten eines (saisonunabhängigen) Produkts:

Tag	1	2	3	4	5	6	7	8	9	10	11	12	13	14	15	16
KH 1	23	25	25	24	21	25	23	27	28	30	25	25	24	26	23	26
KH 2	25	15	25	31	23	24	25	33	25	29	26	25	20	24	22	28

Testen Sie zum Signifikanzniveau 0,05, ob die Verkaufszahlen N(25; σ)-verteilt sind!

91) Bestimmen Sie für Kaufhaus 1 aus Aufgabe 90 ein 95-%-Konfidenzintervall für den Erwartungswert!

92) Bestimmen Sie für Kaufhaus 2 aus Aufgabe 90 ein 95-%-Konfidenzintervall für die Varianz!

93) Kaufhaus 1 möchte seine Verkaufszahlen für dieses Produkt (Aufgabe 90) erhöhen und startet deshalb eine Werbekampagne. Einen Monat nach Beginn dieser Kampagne registriert man an 10 zufällig ausgewählten Tagen folgende Werte:

Tag	1	2	3	4	5	6	7	8	9	10
Absatz	25	27	24	24	31	26	23	27	26	27

Prüfen Sie zu einem Signifikanzniveau von 0,05, ob sich die Verkaufszahlen verbessert haben!

Anhang

Lösungen

1) a)   Produktionsdauer: kardinal

   b)   Schulnote: ordinal

   c)   Schwierigkeitsgrad einer Skipiste: ordinal

   d)   Gewicht von Schultaschen: kardinal

   e)   Zugehörigkeit zu einer bestimmten Konfession: nominal

2) a)   Merkmalsträger: Roman

      Merkmal: Sparte, Verkaufserfolg, Preis

   b)   Skalenniveau: nominal, ordinal, kardinal

3)

monatliche Ausgaben von - bis unter:	Anzahl	rel. Häufigkeit:
0 - 10	5	1/24
10 - 30	20	4/24
30 - 50	75	15/24
50 - 100	20	4/24

Mit den relativen Häufigkeiten als Flächeninhalt, und den Intervalllängen als Grundseite ergibt sich für die

Rechteckshöhen: $\quad\quad h_1 = \frac{1}{24} : 10 = \frac{1}{240} \quad\quad h_3 = \frac{15}{24} : 20 = \frac{15}{480}$

$$h_2 = \frac{4}{24} : 20 = \frac{2}{240} \quad\quad h_4 = \frac{4}{24} : 50 = \frac{1}{300}$$

Das kann man natürlich nicht zeichnen. Als geeigneter Parameter λ empfiehlt sich hier 240. Also alle Werte mit 240 multipliziert, ergibt für die Höhen:

$h_1 = 1; \quad\quad\quad h_2 = 2; \quad\quad h_3 = 7,5 \quad\quad h_4 = 0,8$

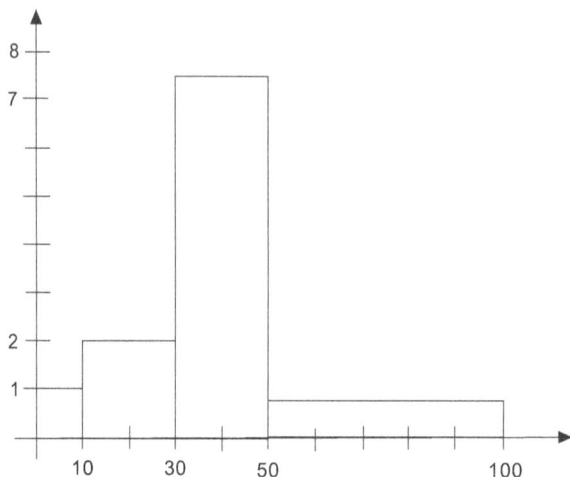

4) Geordnete Urliste: 1, 1, 1, 2, 3, 3, 4, 5, 5, 5, 5, 6

    Modus: 5

    Median: 3,5

    Arithm. Mittel: 3,4167

5) $\bar{v} = \dfrac{\sum s_i}{\sum \frac{s_i}{v_i}}$ $\sum s_i = 440$; $s_1 = 40$ $s_2 = 240 \cdot \frac{1}{12} = 20$ $s_3 = 160$ $s_4 = 220$

    $$\bar{v} = \frac{440}{\frac{40}{120} + \frac{20}{240} + \frac{160}{160} + \frac{220}{110}} = 128,78 \ kmh^{-1}$$

6) $305 \cdot 9,8 + 290 \cdot 7,3 + 205 \cdot 4,2 = 7,46 kg$

7) Deutschland: Die Wachstumsrate für das Jahr 2003 ist der Quotient aus dem Wert 2003 und dem Wert 2002, also 1,06935. Die durchschnittliche Wachstumsrate ergibt sich somit als $\sqrt[5]{\frac{132,6}{124} \cdot \frac{125,7}{132,6} \cdot \frac{126,4}{125,7} \cdot \frac{127,2}{126,4} \cdot \frac{127,2}{127,2}}$. Nach dem Kürzen ergibt sich die durchschnittliche Wachstumsrate für Deutschland aus der 5. Wurzel aus dem Quotienten aus dem letzten und dem ersten Wert, also $\sqrt[5]{\frac{127,2}{124}} = 1,0051$

    Die Wachstumsrate für Italien ist demnach $\sqrt[5]{\frac{95,42}{74,07}} = 1,052$ und für Frankreich $\sqrt[5]{\frac{206,7}{203,8}} = 1,0028$. Damit hat Frankreich die niedrigste Wachstumsrate und zwar in Prozent 0,28.

8)

Klassenmitte	Anzahl	
900	350	315000
2000	960	1920000
2300	1460	3358000
2500	1890	4725000
2700	1580	4266000
3000	1760	5280000
Σ	8000	19864000

Durchschnittslohn: 2483,- €

9)   15 18 18 19 19 20 22 22 22 22 23 24 27 28 29 31 32 33 36 37 37 38 38 39 40 40 40
     40 40 41 41 42 42 43 44 48 49 49 50 51 51 51 52 53 54 57 58 62 64 68

Modalwert: 40

Median: 40

arithmetisches Mittel: 38,38

10)

Klassenmitte	Anzahl		
0,5	108	54
1,5	55	82,5
2,5	17	42,5
3,5	9	31,5
4,5	7	31,5
5,5	4	22
Σ	200	264

Durchschnittswartezeit: 1,32

°11) $A = 2\left[\frac{1}{2}\cdot\frac{1}{n}\cdot\frac{x_1}{\sum x_i} + \frac{1}{2}\left(\frac{1}{n}+\frac{2}{n}\right)\frac{x_2}{\sum x_i} + ... + \frac{1}{2}\cdot\left(\frac{n-1}{n}+\frac{n}{n}\right)\frac{x_n}{\sum x_i} - \frac{1}{2}\right]$ Wenn man den letzten

Bruch mit $n\sum x_i$ erweitert, können die Faktoren $\frac{1}{2}\cdot\frac{1}{n}\cdot\frac{1}{\sum x_i}$ ausgeklammert

werden.

$$A = 2\left[\frac{1}{2}\cdot\frac{1}{n}\cdot\frac{x_1}{\sum x_i} + \frac{1}{2}\left(\frac{1}{n}+\frac{2}{n}\right)\frac{x_2}{\sum x_i} + ... + \frac{1}{2}\cdot\left(\frac{n-1}{n}+\frac{n}{n}\right)\frac{x_n}{\sum x_i} - \frac{n\cdot\sum x_i}{2n\sum x_i}\right]$$

$$A = 2\frac{1}{2n\sum x_i}\left(x_1 + 3x_2 + 5x_3 + ... + nx_n - n\sum x_i\right)$$

$$A = 2\frac{1}{2n\sum x_i}\left(\sum(2i-1)x_i - n\sum x_i\right)$$

$$A = 2\frac{1}{2n\sum x_i}\left(x_1 + (1+2)x_2 + (2+3)x_3 + ... + (n-1+n)x_n - n\sum x_i\right)$$

$$A = 2\frac{1}{2n\sum x_i}\left(2\sum ix_i - \sum x_i - n\sum x_i\right)$$

$$A = \frac{1}{n\sum x_i}\left(2\sum i\cdot x_i - (n+1)\sum x_i\right)$$

$$A = G = \frac{2\sum i\cdot x_i - (n+1)\sum x_i}{n\sum x_i}$$

12)

Branche (x)	Anzahl (y)	Σ x relativ	Σ y relativ
Land- und Forstwirtschaft, Fischerei	874.214	1/6	0,022
Baugewerbe	2.185.535	2/6	0,077
Finanzierung, Vermietung, Unternehmens-dienstleister	6.874.501	3/6	0,25
Produzierendes Gewerbe ohne Bau	7.907.663	4/6	0,449
Handel, Gaststätten und Verkehr	9.894.513	5/6	0,698
Öffentliche und private Dienstleister	12.000.574	1	1

$$G = \frac{2 \cdot \sum_{i=1}^{6} i \cdot y_i - 7 \cdot 39737000}{6 \cdot 39737000} = 0{,}33467$$

Als Berechnung mittels Flächeninhalten ergibt sich:

$$A = 2 \cdot \left[0{,}5 - 0{,}5 \cdot \tfrac{1}{6} \cdot (0{,}022 + 0{,}099 + 0{,}327 + 0{,}699 + 1{,}147 + 1{,}698) \right]$$

$$= 1 - \tfrac{1}{6} \cdot 3{,}992 = 0{,}33467$$

13)

Lohn-Gehaltsgruppe		Klassen-	Anzahl der				
von	bis unter	mitte	Mitarbeiter x	Gehalt y	x relativ	y relativ	Summe y:
0	1000	500	500	250000	0,0227	0,0046	0,0046
1000	3000	2000	18000	36000000	0,8182	0,6559	0,6605
3000	5000	4000	3000	12000000	0,1364	0,2186	0,8792
5000	10000	7500	291	2182500	0,0132	0,0398	0,9189
10000	30000	20000	200	4000000	0,0091	0,0729	0,9918
30000		50000	9	450000	0,0004	0,0082	1,0000
			22000	54882500			

In diesem Fall wäre die Anwendung der Formel äußerst mühsam. Besser geht es hier, den Gini-Koeffizienten über die Fläche zu berechnen.

$G = 0{,}20383758$

14) Lösung: $0{,}9 : 0{,}5 \quad = \quad 0{,}5 : x$

$\qquad\qquad 0{,}9x \quad = \quad 0{,}25$

$\qquad\qquad x \quad = \quad 0{,}278$

15)

Klassenmitte	x	y=x·Kl.-Mitte		∑x-rel.	∑y-rel.
500	15	7 500		0,03	0,000379555
1500	25	37 500		0,08	0,002277328
3500	40	140 000		0,16	0,009362348
7500	80	600 000		0,32	0,039726721
30000	245	7 350 000		0,81	0,411690283
75000	75	5 625 000		0,96	0,696356275
300000	20	6 000 000		1,00	1,000000000
∑	500	19760000	$\bar{x}=39520$		

16) a)

x	0	1	2	3	4	5
F(x)	0	0,4	0,56	0,7	1	1
f(x)	0	0,4	0,16	0,14	0,3	0

$$\bar{x} = 1 \cdot 0,4 + 2 \cdot 0,16 + 3 \cdot 0,14 + 4 \cdot 0,3$$
$$\bar{x} = 2,34$$

b)   Aus f(x) ergibt sich für den Modus: $x_{Mod} = 1$

und aus F(x) für den Median: $x_{Med} = 2$

Wer Schwierigkeiten mit den relativen Zahlen hat, kann sie in absolute Zahlen umwandeln, indem er mit einer beliebigen (aber bequemen) Zahl n multipliziert. Möglich wäre folgende Häufigkeit:

x	0	1	2	3	4	5
h (x)	0	40	16	14	30	0

c)
$$s^2 = 2,34^2 \cdot 0 + 1,34^2 \cdot 0,4 + 0,34^2 \cdot 0,16 + 0,66^2 \cdot 0,14 + 1,66^2 \cdot 0,3$$
$$s^2 = 1,6244$$

d)

X (Grundseite g)	0 bis unter 4	4 bis unter 6
F(x) (Flächeninhalt A)	0,7	0,3

$A = g \cdot h \rightarrow h = A{:}g$

$A_1 = 0{,}7;\ g_1 = 4 \rightarrow h_1{:}\ 0{,}7{:}4 = 0{,}175$ oder ein Vielfaches

$A_2 = 0{,}3;\ g_2 = 2 \rightarrow h_2{:}\ 0{,}3{:}2 = 0{,}150$ oder ein Vielfaches

e) $360 \cdot 0{,}7 = 252°$

        $360 \cdot 0{,}3 = 108°$

17)

Religion / Ort	evangelisch	katholisch	konfessions-los	Rand-häufigkeiten h_{i*}
Hannover	189 h_{11} 250	147 h_{12} 100	84 h_{13} 70	h_{1j} 420
München	175,5 h_{21} 150	136,5 h_{22} 210	78 h_{23} 30	h_{2j} 390
Magdeburg	85,5 h_{31} 50	66,5 h_{32} 40	38 h_{33} 100	h_{3j} 190
Rand-häufigkeiten h_{*j}	450	350	200	1000

$$\chi^2 = \frac{(250-189)^2}{189} + \frac{(100-147)^2}{147} + \frac{(70-84)^2}{84} + \frac{(150-175{,}5)^2}{175{,}5} + \ldots + \frac{(100-38)^2}{38}$$

$$\chi^2 = 236{,}33$$

$$K = \sqrt{\frac{236{,}33}{1236{,}33}} = 0{,}437 \qquad K_{max} = \sqrt{\frac{2}{3}} = 0{,}816 \qquad K_* = \frac{0{,}437}{0{,}816} = 0{,}535$$

18)

x	y	$x - \bar{x}$	$(x-\bar{x})^2$	$y-\bar{y}$	$(y-\bar{y})^2$	$(x-\bar{x}) \cdot (y-\bar{y})$
4,5	180	-0,46	0,2116	18,2	331,24	-8,372
4,6	161	-0,36	0,1296	-0,8	0,64	0,288
4,9	164	-0,06	0,0036	2,2	4,84	-0,132
5,3	155	0,34	0,1156	-6,8	46,24	-2,312
5,5	149	0,54	0,2916	-12,8	163,84	-6,912
4,96	161,8		0,752		546,8	-17,44

$$r = \frac{-17,44}{\sqrt{0,752 \cdot 546,8}} = -0,86$$

19)

400m	800m	$R_i - R_i{'}$	$(R_i - R_i{'})^2$
2	2	0	0
1	3	-2	4
3	1	2	4
4	5	-1	1
5	4	1	1
6	6	0	0

$$r_{sp} = 1 - \frac{6 \cdot 10}{5 \cdot 6 \cdot 7} \qquad r_{sp} = 0,714$$

20)

Sohn	Vater	Häufigkeit
Arbeiter	Arbeiter	40
Arbeiter	Angestellter	10
Arbeiter	Beamter	0
Arbeiter	Selbständiger	0
Angestellter	Arbeiter	40
Angestellter	Angestellter	25
Angestellter	Beamter	5
Angestellter	Selbständiger	10
Beamter	Arbeiter	10
Beamter	Angestellter	25
Beamter	Beamter	25
Beamter	Selbständiger	0
Selbständiger	Arbeiter	0
Selbständiger	Angestellter	0
Selbständiger	Beamter	0
Selbständiger	Selbständiger	10

Vater / Sohn	Arbeiter	Angestellte	Beamte	Selbständige	
Arbeiter	22,5	15	7,5	5	
	40	10	0	0	50
Angestellte	36	24	12	8	
	40	25	5	10	80
Beamte	27	18	9	6	
	10	25	25	0	60
Selbständige	4,5	3	1,5	1	
	0	0	0	10	10
	90	60	30	20	200

$$\chi^2 = \frac{306,25}{22,5} + \frac{25}{15} + \frac{56,25}{7,5} + \frac{25}{5} + ... + \frac{81}{1}$$

$$\chi^2 = 170,72$$

$$K = \sqrt{\frac{170,72}{370,72}}$$

$$K = 0,679$$

$$M_{max} = \sqrt{\frac{3}{4}}$$

$$K_* = \frac{K}{M_{max}}$$

$$K_* = 0,784$$

21)

Sorte	Institut 1	Institut 2	R-R`	(R-R`)^2
A	3	3	0	0
B	5	1	4	16
C	4	2	2	4
D	1	5	-4	16
E	2	4	-2	4
				40

$r_{sp} = 1 - \dfrac{6 \cdot 40}{4 \cdot 5 \cdot 6} = -1$ Die beiden Institute sind zu komplett gegensätzlichen Einschätzungen gekommen.

22)

x	y	$(x-\bar{x})$	$(x-\bar{x})^2$	$(y-\bar{y})$	$(y-\bar{y})^2$	$(x-\bar{x})(y-\bar{y})$
23	183	-2	4	-17	289	34
20	175	-5	25	-25	625	125
31	231	6	36	31	961	186
13	155	-12	144	-45	2025	540
28	218	3	9	18	324	54
28	210	3	9	10	100	30
15	145	-10	100	-55	3025	550
30	235	5	25	35	1225	175
27	223	2	4	23	529	46
35	225	10	100	25	625	250
25	200		456		9728	1990

$r = \dfrac{1990}{\sqrt{456 \cdot 9728}} = 0,945$

°23)

$$b = \frac{\sum (x_i - \bar{x})(y_i - \bar{y})}{\sum (x_i - \bar{x})^2} = \frac{\sum (x_i y_i - x_i \bar{y} - \bar{x} y_i + \overline{xy})}{\sum (x_i^2 - 2x_i \bar{x} + \bar{x}^2)} = \frac{\sum x_i y_i - \sum x_i \bar{y} - \sum \bar{x} y_i + \sum \overline{xy}}{\sum x_i^2 - \sum 2x_i \bar{x} + \sum \bar{x}^2}$$

$$= \frac{\sum x_i y_i - \bar{y} \sum x_i - \bar{x} \sum y_i + n\overline{xy}}{\sum x_i^2 - 2\bar{x} \sum x_i + n\bar{x}^2} \qquad (\text{aus } \bar{x} = \frac{1}{n} \sum x_i \text{ folgt: } \sum x_i = n\bar{x} \text{ und }$$

$$\sum y_i = n\bar{y})$$

$$= \frac{\sum x_i y_i - \bar{y} n\bar{x} - \bar{x} n\bar{y} + n\overline{xy}}{\sum x_i^2 - 2\bar{x} n\bar{x} + n\bar{x}^2}$$

$$= \frac{\sum x_i y_i - n\overline{xy}}{\sum x_i^2 - n\bar{x}^2}$$

24)

x	y	$(x-\bar{x})$	$(x-\bar{x})^2$	$(y-\bar{y})$	$(y-\bar{y})^2$	$(x-\bar{x})\,(y-\bar{y})$
4	46	-2	4	6	36	-12
7	43	1	1	3	9	3
5	45	-1	1	5	25	-5
8	42	2	4	2	4	4
8	42	2	4	2	4	4
11	39	5	25	-1	1	-5
3	47	-3	9	7	49	-21
6	44	0	0	4	16	0
7	43	1	1	3	9	3
1	9	-5	25	-31	961	155
6	40		74		1114	126

$$r = \frac{126}{\sqrt{74 \cdot 1114}} = 0,439 \,; \qquad b = \frac{\sum (x_i - \bar{x})(y_i - \bar{y})}{\sum (x_i - \bar{x})^2} = \frac{126}{74} = 1,7 \,;$$

$$a = \bar{y} - b \cdot \bar{x} = 29,8$$

Regressionsgerade: $y = 29,8 + 1,7x$

25)   a) $$L_{04}^{L} = \frac{\sum\limits_{i=1}^{2} p_4(i) \cdot q_0(i)}{\sum\limits_{i=1}^{2} p_0(i) \cdot q_0(i)} = \frac{1,3 \cdot 180 + 1,26 \cdot 430}{1,43 \cdot 180 + 1,49 \cdot 430} = 0,864$$

b) $$L_{04}^{P} = \frac{\sum\limits_{i=1}^{2} p_4(i) \cdot q_4(i)}{\sum\limits_{i=1}^{2} p_0(i) \cdot q_4(i)} = \frac{1,3 \cdot 210 + 1,26 \cdot 450}{1,43 \cdot 210 + 1,49 \cdot 450} = 0,865$$

c) $\quad L_{02}^{L} = \dfrac{\displaystyle\sum_{i=1}^{2} p_2(i) \cdot q_0(i)}{\displaystyle\sum_{i=1}^{2} p_0(i) \cdot q_0(i)} = \dfrac{1{,}3 \cdot 163 + 1{,}26 \cdot 378}{1{,}51 \cdot 163 + 1{,}58 \cdot 378} = 0{,}816$

d) $\quad L_{02}^{P} = \dfrac{\displaystyle\sum_{i=1}^{2} p_2(i) \cdot q_2(i)}{\displaystyle\sum_{i=1}^{2} p_0(i) \cdot q_2(i)} = \dfrac{1{,}3 \cdot 210 + 1{,}26 \cdot 450}{1{,}51 \cdot 210 + 1{,}58 \cdot 450} = 0{,}817$

e) $\quad L_{03}^{P} = \dfrac{x \cdot 210 + 1{,}26 \cdot 450}{1{,}43 \cdot 210 + 1{,}49 \cdot 450} = 1 \Leftrightarrow 210x + 567 = 970{,}8 \Leftrightarrow x = 1{,}92$

f) $\quad L_{04}^{L} = \dfrac{1{,}3 \cdot 180 + 1{,}26 \cdot x}{1{,}43 \cdot 180 + 1{,}49 \cdot x} = 1 \Leftrightarrow 234 + 1{,}26x = 257{,}4 + 1{,}49x \Leftrightarrow x = -100$

Da die Preise bei beiden Gütern gefallen sind, ist diese Frage volkswirtschaftlich unsinnig. Die Leute hätten 100 Millionen Liter zurückbringen müssen.

26)

gleitender Durchschnitt

	3.	4.	7.	8.Ordnung
5				
7	5,6667			
5	7,0000	7,375		
9	8,6667	8,375	8,0000	
12	9,6667	9,125	9,1429	9,1875
8	10,0000	10,25	10,1429	10
10	10,3333	11	11,0000	11
13	12,3333	11,625	12,1429	12,1875
14	12,6667	12,875	12,7143	
11	14,0000	14,125		
17	14,6667			
16				

27)

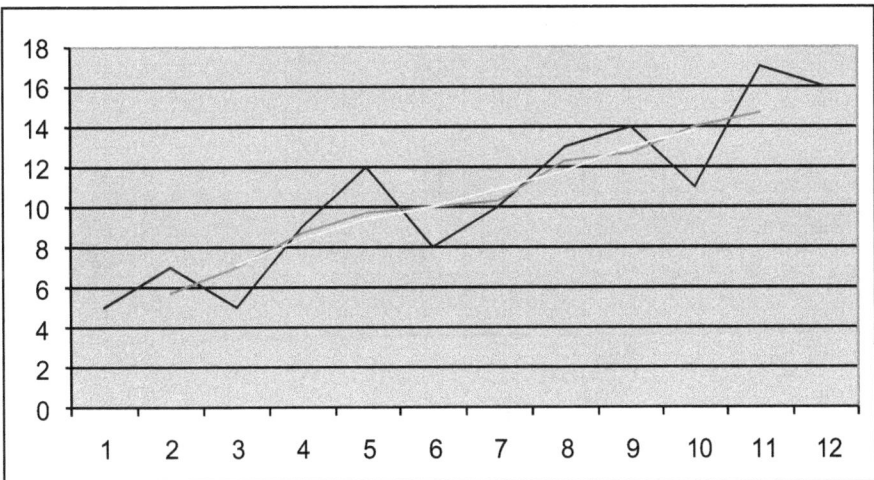

28) S_0^1 ist der Mittelwert zwischen $\hat{a}_0$ und S_0^2, also gilt: $S_0^1 = \frac{1}{2} \cdot \left(\hat{a}_0 + S_0^2 \right)$ oder:

$S_0^1 = \frac{1}{2} \cdot \hat{a}_0 + \frac{1}{2} \cdot S_0^2 \, / \cdot 2$

$2 S_0^1 = \hat{a}_0 + S_0^2 \, / - S_0^1$

$S_0^1 = \hat{a}_0 + S_0^2 - S_0^1$ oder:

$S_0^1 = \hat{a}_0 - (S_0^1 - S_0^2)$ für $\hat{b}_0$ gilt: $\hat{b}_0 = \dfrac{\alpha}{1-\alpha}(S_0^1 - S_0^2) \Leftrightarrow (S_0^1 - S_0^2) = \dfrac{1-\alpha}{\alpha} \cdot \hat{b}_0$

$S_0^1 = \hat{a}_0 - \dfrac{1-\alpha}{\alpha} \cdot \hat{b}_0$

$S_0^2 = S_0^1 - (\hat{a}_0 - S_0^1)$ Wie aus der Abbildung deutlich hervorgeht. Damit ist

$S_0^2 = 2 \cdot S_0^1 - \hat{a}_0$

29)

t	y	S^1	S^2
1	18	18	18
2	17	17,60	17,84
3	24	20,16	18,77
4	24	21,70	19,94
5	22	21,82	20,69
6	26	23,49	21,81
7	27	24,89	23,04
8	25	24,94	23,80
9	28	26,16	24,75
10	30	27,70	25,93

30)   a)

t	y	S^1	S^2	S^1-S^2	A	B	Prognose:
1	53	53	53	0,00	53,00	0,00	
2	59	56,60	55,16	1,44	58,04	2,16	53,00
3	66	62,24	59,41	2,83	65,07	4,25	60,20
4	70	66,90	63,90	3,00	69,89	4,49	69,32
5	73	70,56	67,90	2,66	73,22	3,99	74,38
6							77,22

b) $\hat{b}_0 = 59 - 53 = 6$

$\hat{a}_0 = 53 - 6 = 47$

$S_0^1 = 47 - \frac{0{,}4}{0{,}6} \cdot 6 = 43$

$S_0^2 = 2 \cdot 43 - 47 = 39$

t	y	S^1	S^2	S^1-S^2	a	b	Prognose:
0		43	39	4,00	47,00	6,00	
1	53	49,00	45,00	4,00	53,00	6,00	53,00
2	59	55,00	51,00	4,00	59,00	6,00	59,00
3	66	61,60	57,36	4,24	65,84	6,36	65,00
4	70	66,64	62,93	3,71	70,35	5,57	72,20
5	73	70,46	67,44	3,01	73,47	4,52	75,92
6							77,98

31)

Jahr	Halbjahr 1	Halbjahr 2	G	Differenz 1	Differenz 2		bereinigt:
1	35					-15,75	50,75
		72	55		17	15,75	56,25
2	41		55,5	-14,5		-15,75	56,75
		68	54,25		13,75	15,75	52,25
3	40		55,25	-15,25		-15,75	55,75
		73	56,25		16,75	15,75	57,25
4	39		56,25	-17,25		-15,75	54,75
		74				15,75	58,25

-15,67 15,83

-0,08 -0,08

Korrektur: (-15,67+15,83):2 =   0,08   -15,75 15,75

32)

Jahr	Quartal	Umsatz	G_i	Differenz	$\hat{S}_j$	bereinigt:
2005	1	42			-15,97	58,07
	2	64			10,03	54,06
	3	68	56,25	11,75	13,84	54,25
	4	53	55	-2,00	-7,53	60,63
2006	1	38	54,125	-16,13	-15,97	54,07
	2	58	52,375	5,63	10,03	48,06
	3	67	51	16,00	13,84	53,25
	4	40	53	-13,00	-7,53	47,63
2007	1	40	55,75	-15,75	-15,97	56,07
	2	72	57,5	14,50	10,03	62,06
	3	75			13,84	61,25
	4	46			-7,53	53,63

	Quartal			
	1	2	3	4
2005			11,75	-2
2006	-16,13	5,63	16	-13
2007	-15,75	14,5		
$\widetilde{S}_j$	-15,94	10,065	13,875	-7,5
$\hat{S}_j$	-16,07	9,94	13,75	-7,63

$$0,5 \ : 4 \ = \ 0,125$$

33)

	y	G	Diff.	y	G	Diff.	y	G	Diff.	bereinigt
Jan	5010			4284	4073	211	3659	3464	195	3444
Feb	5048			4247	4017	230	3617	3422	195	3393
März	4977			4124	3961	163	3507	3381	126	3351
April	4790			3976	3905	71	3414	3344	70	3332
Mai	4538			3812	3852	-40	3283			3311
Juni	4399			3687	3801	-114	3160			3262
Juli	4386	4457	-71	3715	3750	-35	3210			3251
Aug	4372	4393	-21	3705	3698	7	3196			3191
Sept	4237	4324	-87	3543	3646	-103	3081			3164
Okt	4084	4255	-171	3434	3597	-163	2997			3152
Nov	3995	4191	-196	3378	3551	-173				
Dez	4008	4131	-123	3406	3507	-101				

Jahr	Jan	Feb	März	April	Mai	Juni	Juli	Aug	Sept	Okt	Nov	Dez
2006							-71	-21	-87	-171	-196	-123
2007	211	230	163	71	-40	-114	-35	7	-103	-163	-173	-101
2008	195	195	126	70								
$\widetilde{S}_j$	203	212	145	71	-40	-114	-53	-7	-95	-167	-184	-112
$\hat{S}_j$	215	224	156	82	-28	-102	-41	5	-83	-155	-173	-100

34)

Jahr	Werbe-aufwand	Um-satz	$(x_i - \bar{x})$	$(y_i - \bar{y})$	$(x_i - \bar{x})\cdot(y_i - \bar{y})$	$(x_i - \bar{x})^2$
1	1,0	23	-0,91	-7,22	6,5702	0,8281
2	1,5	26	-0,41	-4,22	1,7302	0,1681
3	1,8	26	-0,11	-4,22	0,4642	0,0121
4	1,9	28	-0,01	-2,22	0,0222	0,0001
5	2,1	31	0,19	0,78	0,1482	0,0361
6	2,0	34	0,09	3,78	0,3402	0,0081
7	2,2	38	0,29	7,78	2,2562	0,0841
8	2,4	33	0,49	2,78	1,3622	0,2401
9	2,3	33	0,39	2,78	1,0842	0,1521
	$\bar{x} = 1,91$	$\bar{y} = 30,2$			13,9778	1,5289

$$y = 12,75 + 9,14x; \quad r = 0,83$$

35) a) $\sqrt[7]{\frac{1324}{609}} = 1,11733 \cong 11,73\%$ Prognose 2008: $1324 \cdot 1,1173^6 = 2576$

b)

i	1	2	3	4	5	6	7	8
x_i	0	0	0	15	35	135	210	257

$$G = \frac{2 \cdot \sum_{i=1}^{n} i \cdot x_i - (n+1) \cdot \sum_{i=1}^{n} x_i}{n \cdot \sum_{i=1}^{n} x_i} = \frac{9142 - 9 \cdot 652}{8 \cdot 652} = 0{,}628$$

$$G_* = \tfrac{8}{7} \cdot G = 0{,}717$$

(Der normierte Gini-Koeffizient war zwar nicht verlangt, aber wenn n so klein ist, ist es sinnvoll, G zu normieren.)

c)

x	y	$(x-\bar{x})$	$(x-\bar{x})^2$	$(y-\bar{y})$	$(x-\bar{x})(y-\bar{y})$
1	609	-3,5	12,25	-321,5	1125,25
2	652	-2,5	6,26	-278,5	696,25
3	732	-1,5	2,25	-198,5	297,75
4	805	-0,5	0,25	-125,5	62,75
5	928	0,5	0,25	- 2,5	-1,25
6	1119	1,5	2,25	188,5	282,75
7	1275	2,5	6,26	344,5	861,25
8	1324	3,5	12,25	393,5	1377,25
			$\Sigma = 42$		$\Sigma = 4702$

$\bar{x} = 4{,}5 \quad \bar{y} = 930{,}5$

$$b = \frac{\sum (x-\bar{x})(y-\bar{y})}{\sum (x-\bar{x})^2} = \frac{4702}{42} = 111{,}95$$

$a = \bar{y} - B \cdot \bar{x} = 930{,}5 - 503{,}78 = 426{,}71$

$y = 427 + 112 \cdot x$

d) $y = 427 + 112 \cdot 14 = 1995$

e)   2576 ist realistischer, weil man es hier wohl eher mit exponentiellem als mit linearem Zuwachs zu tun hat. (Die Zahlen müssten ja schon vorliegen, Sie könnten ja mal recherchieren.)

36)   a)   Modus: 28   Median: 28   arithm. Mittel: 27,44

b)

von	bis unter:	Kl.-Mitte (x)	h(x)	x·h(x)	f(x)
21	24	22,5	4	90	0,15
24	27	25,5	6	153	0,22
27	30	28,5	11	313,5	0,41
30	33	31,5	4	126	0,15
33	36	34,5	2	69	0,07

751,5

Arithmetisches Mittel: 751,5 : 27 = 27,83

c)

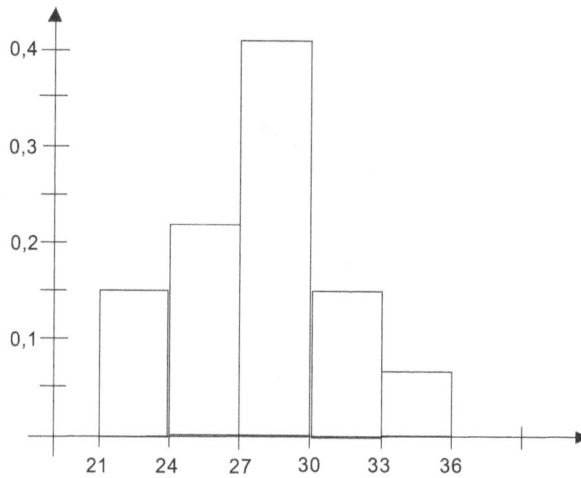

37)   a)

	X	Y	$(x-\bar{x})$	$(x-\bar{x})^2$	$(y-\bar{y})$	$(x-\bar{x})\,(y-\bar{y})$
1966	1	1318303	-4,5	20,25	286854,8	-1290847
1967	2	1272276	-3,5	12,25	240827,8	-842897,3
1968	3	1214968	-2,5	6,25	183519,8	-458799,5
1969	4	1142366	-1,5	2,25	110917,8	-166376,7
1970	5	1047737	-0,5	0,25	16288,8	-8144,4
1971	6	1013396	0,5	0,25	-18052,2	-9026,1
1972	7	901657	1,5	2,25	-129791,2	-194686,8
1973	8	815969	2,5	6,25	-215479,2	-538698
1974	9	805500	3,5	12,25	-225948,2	-790818,7
1975	10	782310	4,5	20,25	-249138,2	-1121122
	5,5	1031448,2		82,5		-5421416

b=   -65714,13

a=   1392875,9

       y = 1392876 – 65714*x

b)   y = 1392876 – 65714*15

       y = 407166

c)   Der wichtigste Grund ist, dass man bei Wachstums- oder hier Schrump-
       fungsprozessen nicht von einem linearen sondern eher von einem exponen-
       tiellen Zusammenhang ausgehen muss. Hinzu kommt in diesem speziellen
       Fall ein Störfaktor, nämlich der so genannte Pillenknick, der Mitte der 60er
       Jahre einsetzte, für einen drastischen Geburtenrückgang sorgte, sich aber
       später wieder relativierte.

38)   Kombination von k Elementen aus n Elementen, ohne Anordnung, ohne Wiederho-
       lung: $\binom{n}{k} = \binom{6}{4} = 15$

39)   Um diese Aufgabe lösen zu können, kann es sinnvoll sein, für m eine überschaubare
        Zahl einzusetzen und dann auf eine allgemeine Formel zu schließen.

        Angenommen, m = 5. Die Gesellschaft besteht aus den Personen A, B, C, D und E.

        A drückt B, C, D und E die Hand (4), B muss nur noch C, D und E die Hand drü-
        cken (3), C 2 Handschläge und schließlich D nur noch einen. Sie haben also 4 + 3 +
        2 + 1 oder umgedreht, 1 + 2 + 3 + 4 bei 5 Personen.

        Bei m Personen ergibt sich 1 + 2+ . . . + (m − 1). Das ist eine arithmetische Reihe

        mit a_1 =   1, a_n =   (m   −   1)   und   n   =   (m   −   1). $s_n = \dfrac{n}{2}(a_1 + a_n)$

        $$s_{m-1} = \frac{m-1}{2}[1 + (m-1)] = \frac{m \cdot (m-1)}{2}$$

40)   Für jede der drei Vorspeisen gibt es 4 Hauptspeisen, also 3 · 4 und für jede dieser 12
        Kombinationen noch einmal 6 Nachspeisen, also 3 · 4 · 6 = 72

41)   Eine Aufgabe vom Typ „Glasperlen": $\dfrac{13!}{4! \cdot 3! \cdot 6!} = 60060$

42)   Ohne Wiederholung, ohne Reihenfolge, das heißt Typ „Lotto". $\dbinom{7}{3} = 35$

43)   Natürlich gibt es nur eine Kombination, die das Schloss öffnet. Oft ergeben sich die
        Schwierigkeiten einfach aus einer missverständlichen Fragestellung. Wenn Sie sich
        fragen würden, wie viele Kombinationen es überhaupt gibt, hätten Sie eine Aufgabe
        vom Typ „Fußballtoto" $4^4 = 256$

44)   Bei vielen Fragestellungen sind die zur Verfügung stehenden Formeln nicht in
        „Reinkultur" anwendbar. Hier haben Sie 2 Aufgaben aus 4 möglichen (Geometrie)
        und 3 Aufgaben aus 6 möglichen (Algebra), beides muss miteinander multipliziert
        werden, also $\dbinom{4}{2} \cdot \dbinom{6}{3} = 120$

45)

	Student	Studentin	
neue Bundesländer	25 (0,125)	55 (0,275)	80 (0,4)
alte Bundesländer	50 (0,25)	70 (0,35)	120 (0,6)
	75 (0,375)	125 (0,625)	200 (1)

P(Studentin und neue Bundesländer)   = 0,275

P(Studentin)   = 0,625

P(neue Bundesländer unter der Bedingung Studentin)   = 0,44

Bemerkung: Erstaunlich viele Studenten haben Schwierigkeiten, Verhältnisse in Wahrscheinlichkeiten umzuwandeln. Verhältnis 3 : 5 heißt z.B.: auf drei männliche kommen 5 weibliche Studenten. Sind zusammen 8.

Also männliche Studenten: 3/8 = 0,375

46) $P(A) \cdot P(B) = P(A \cap B)$ $0,4 \cdot 0,375 = 0,15$ $P(A \cap B) = 0,125$

→ stochastisch abhängig

47)   Manchmal bereitet es Schwierigkeiten, festzustellen, was bei der bedingten Wahrscheinlichkeit die Bedingung ist. Tipp: Oft bestehen die Fragen aus Satzgefügen mit Hauptsatz und Relativsatz. Die Bedingung ist meist im Relativsatz verpackt. Der Hauptsatz allein würde schon alles klären. „Mit welcher Wahrscheinlichkeit kommt ein Schüler aus Deutschland?" Die Bedingung: er muss katholisch sein.

Eine andere typische Formulierung ist: „Mit welcher Wahrscheinlichkeit kommt ein katholischer Schüler aus Deutschland?"

Da die Bedingung „katholisch" ist, können sie den Ereignisraum „Religionszugehörigkeit" zusammenfassen zu katholisch und nicht katholisch.

Es sei: K = katholisch; F = Frankreich; D = Deutschland; P = Portugal

Zunächst muss man eine kleine Rechenaufgabe lösen: D + 3D +(3D + 100) = 800

D = 100; F = 300; P = 400

	K	$\overline{K}$	
F	$F \cap K$ 0,1875		300 0,375
D	$D \cap K$ 0,0375		100 0,125
P	$P \cap K$ 0,45		400 0,5
	$\sum$ 0,675		800

$$P_K(D) = \frac{P(D \cap K)}{P(K)} = \frac{0,0375}{0,675} = 0,056$$

48) $n = 5;$ $p = 1/6;$ $k = 3$

$$B(n; p; k) = \binom{n}{k} \cdot p^k \cdot (1-p)^{n-k} \qquad B(5; \tfrac{1}{6}; 3) = \binom{5}{3} \cdot (\tfrac{1}{6})^3 \cdot (\tfrac{5}{6})^2 = 0,03215$$

49)   Ziehen ohne Zurücklegen:

$N = 20;$ $n = 5;$ $K = 10;$ $k = 2$

$$H(20;10;5;2) = \frac{\binom{10}{2} \cdot \binom{10}{3}}{\binom{20}{5}} = 0,3483$$

50)   P(kein Elefant) = 6/7 $\left(\tfrac{6}{7}\right)^n < 0,01 \Leftrightarrow n > \dfrac{\ln(0,01)}{\ln(6) - \ln(7)} \Rightarrow n > 29,87$

Er muss mindestens 30 Ü-Eier kaufen.

51) $p < 0,1; n > 50; n*p = \lambda = 7 < 10;$ Poisson-Verteilung:

$$f(17) = \frac{7^{17}}{17!} \cdot e^{-7} = 0,0006$$

$$f(p) = \binom{4}{2} \cdot p^2(1-p)^2 + \binom{4}{3} \cdot p^3 \cdot (1-p)$$

$$f(p) = 6p^2 \cdot (p^2 - 2p + 1) + 4 \cdot (p^3 - p^4)$$

$$f(p) = 6 \cdot p^4 - 12 \cdot p^3 + 6 \cdot p^2 + 4 \cdot p^3 - 4 \cdot p^4$$

52)

$$f(p) = 2 \cdot p^4 - 8 \cdot p^3 + 6 \cdot p^2$$

$$f'(p) = 8 \cdot p^3 - 24 \cdot p^2 + 12 \cdot p$$

$$f'(p) = 0 \Leftrightarrow 4p(2p^2 - 6p + 3) = 0 \Rightarrow p_1 = 0 \ (Tiefpunkt); \quad p_{2/3} = \frac{6 \pm \sqrt{36 - 24}}{4}$$

$$p_2 = 2,37 > 1 \Rightarrow \notin D$$

$$p_3 = 0,634 \ (Hochpunkt)$$

53)   Die Dichtefunktion ist eine so genannte Dreiecksverteilung, das heißt graphisch sieht sie so aus:

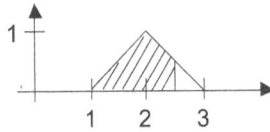

Gesucht ist die Fläche unter dem Dreieck von 1 bis 2,5. Das ist 1 – die Fläche von 2,5 bis 3. Das ist ein gleichseitiges rechtwinkliges Dreieck mit der Höhe 0,5 und der Grundseite 0,5. Also: $1 - 0,5*0,5*0,5 = 0,875$

54)
$$E(X) = \int_1^3 x \cdot f(x)dx = \int_1^2 (x^2 - x)dx + \int_2^3 (-x^2 + 3x)dx = \left|\tfrac{1}{3}x^3 - \tfrac{1}{2}x^2\right|_1^2 + \left|-\tfrac{1}{3}x^3 + \tfrac{3}{2}x^2\right|_2^3$$

$$E(X) = \tfrac{8}{3} - 2 - (\tfrac{1}{3} - \tfrac{1}{2}) + (-9 + 13,5) - (-\tfrac{8}{3} + 6) = 2$$

$$Var(X) = \int_1^2 (x-2)^2(x-1)dx + \int_2^3 (x-2)^2(-x+3)dx = \int_1^2 (x^3 - 5x^2 + 8x - 4)dx + \int_2^3 (-x^3 + 7x^2 - 16x + 12)dx$$

$$Var(X) = \left|\tfrac{1}{4}x^4 - \tfrac{5}{3}x^3 + 4x^2 - 4x\right|_1^2 + \left|-\tfrac{1}{4}x^4 + \tfrac{7}{3}x^3 - 8x^2 + 12x\right|_2^3 = \tfrac{1}{6}$$

55) Die Dichtefunktion ist eine Quadratische Funktion mit dem Scheitel (0;0). Da die Gesamtfläche unter der Dichtefunktion 1 sein muss, muss gelten:

$$\int_0^c x^2 dx = 1 \Leftrightarrow \left[\tfrac{1}{3}x^3\right]_0^c = 1 \Leftrightarrow \tfrac{1}{3}c^3 - \tfrac{1}{3}0^3 = 1 \Leftrightarrow \tfrac{1}{3}c^3 = 1 \Leftrightarrow c^3 = 3 \rightarrow c = \sqrt[3]{3}$$

56) Nach der Tabelle ergibt sich:

a) $P(0 < Z < 2,4)$ 0,4918

b) $P(-1,3 < Z < 0)$ 0,4032

c) $P(-0,8 < Z < 0,8)$ 0,57628

d) $P(Z < 2,1)$ 0,98214

e) $P(Z < -0,4)$ 0,34458

f) $P(Z < -0,1)$ 0,46017

g) $P(0,2 < Z < 1,6)$ 0,36594

h) $P(-1,4 < Z < 1,2)$ 0,80417

i) $P(-2 < Z < -1)$ 0,13591

57) a) Hier ist der Flächeninhalt $\Phi(x)$ gegeben, der dazugehörige x-Wert ist gesucht. Sie müssen also den Wert 0,255 im Inneren der Tabelle suchen und den x-Wert am Rand ablesen.

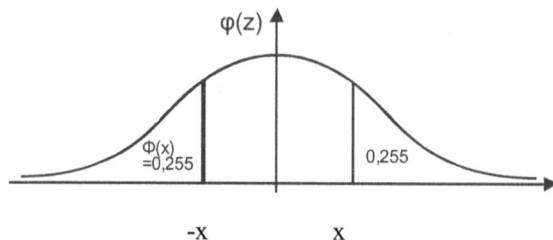

-x   x

Der Flächeninhalt ist kleiner als 0,5, also muss x negativ sein. Den gleichen Flächeninhalt haben Sie auf der rechten Seite noch einmal von x bis ∞. Also ist der Flächeninhalt von -∞ bis x gleich 0,745. Sie suchen also in der Tabelle den x-Wert, der zur Fläche 0,745 gehört, das ist 0,66, damit ist der gesuchte Wert x bzw. A = – 0,66.

b)   B = 0,84

c)   /Z/ (Betrag von Z) < C heißt: -C < Z < C. Z ist innerhalb des symmetrischen Intervalls um die x-Achse. Das heißt, die Fläche von der x-Achse bis C ist 0,3, was bedeutet, die Fläche von -∞ bis C ist 0,8.

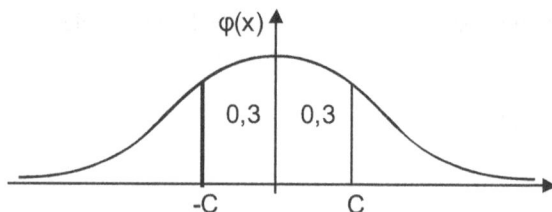

Der C-Wert, der zur Fläche 0,8 gehört, ist 0,84.

d)   D = 1,04

58)

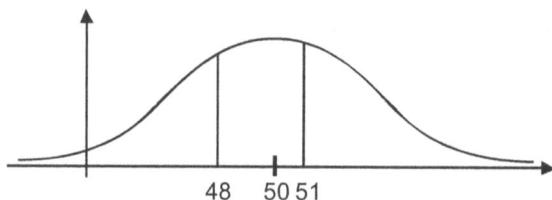

Die Wahrscheinlichkeit, dass die Säcke aussortiert werden, entspricht den beiden Flächen außerhalb des Intervalls 48 – 51.

$$x_1 = 48 \rightarrow z_1 = \frac{48-50}{1,5} \rightarrow z_1 = -1,33$$

$$x_2 = 51 \rightarrow z_2 = \frac{51-50}{1,5} \rightarrow z_2 = 0,67$$

P(brauchbar)

$$= \Phi(0,67) - \Phi(-1,33)$$
$$= \Phi(0,67) - (1 - \Phi(1,33))$$
$$= \Phi(0,67) + \Phi(1,33) - 1$$
$$= 0,74875 + 0,90824 - 1$$
$$\approx 0,657$$

P(aussortieren) $= 1 - 0,657 = 0,343 \rightarrow 34,4\%$ der Säcke müssen aussortiert werden. Das sind bei 10 000 Säcken 3430 Säcke. Die Maschine sollte dringend nachjustiert werden.

59) $F(3) = 1 - e^{-0,25 \cdot 3} = 0,528$

60) $F(5) - F(4) = \left(1 - e^{-0,25 \cdot 5}\right) - (1 - e^{-0,25 \cdot 4}) = 0,081$

61) $1 - e^{-\lambda \cdot 4} = 0,5507$

$e^{-\lambda \cdot 4} = 0,4493$

$\left(e^{-\lambda}\right)^4 = 0,4493$

$\left(e^{-\lambda}\right) = 0,8187$

$-\lambda = \ln(0,8187)$

$\lambda \approx 0,2$

62) $E(X) = \int\limits_0^\infty x \cdot \lambda \cdot e^{-\lambda x} dx$ Dieses Integral lässt sich durch partielle Integration bestim-

men. Zur Erinnerung: $\int u \cdot v' = u\,v - \int u' \cdot v$ Wir setzen x als u und $\lambda \cdot e^{-\lambda x}$ als v′:

$$\int_0^\infty x\cdot\lambda\cdot e^{-\lambda x}dx=\left|x\cdot(-e^{-\lambda x})\right|_0^\infty-\int_0^\infty -e^{-\lambda x}dx$$

$$=\lim_{x\to\infty}\left(-\frac{x}{e^{\lambda x}}\right)-0\cdot(-e^0)-\left|\frac{1}{\lambda}e^{-\lambda x}\right|_0^\infty=0-0-\left[\lim_{x\to\infty}\left(\frac{1}{\lambda}e^{-\lambda x}\right)-\frac{1}{\lambda}e^0\right]=0-0-(0-\frac{1}{\lambda})=\frac{1}{\lambda}$$

63)

$$Var(\overline{X})=Var(\frac{1}{n}\sum(X_i)=\frac{1}{n^2}Var(\sum X_i)=\frac{1}{n^2}\sum Var(X_i)=\frac{1}{n^2}\sum\sigma^2=\frac{1}{n^2}\cdot n\cdot\sigma^2=\frac{1}{n}\cdot\sigma^2$$

$$\sigma_{\overline{x}}=\frac{1}{\sqrt{n}}\cdot\sigma \quad\text{(Zu den Umformungen siehe 3.5.5, E und F)}$$

64)   [3,84;4,16]

65) $\pm$ 5 Minuten → Die Intervalllänge ist 10 Minuten, das sind 1/6 Stunden.

$$L=\frac{2\cdot c\cdot\sigma}{\sqrt{n}}\Leftrightarrow\sqrt{n}=\frac{2\cdot c\cdot\sigma}{L}\Leftrightarrow\sqrt{n}=\frac{2\cdot 1,645\cdot 1,5}{\frac{1}{6}}\Leftrightarrow n\geq 876,7521$$

Es müssen mindestens 877 Jugendliche befragt werden.

66)   a) 1,782   b) 2,681   c) -1,356   d) 1,356

67)   1. $1-\alpha=0,95$

       2. $c=2,306$

       3. $\overline{x}=53$ $S=2,646$

       4. $\frac{s\cdot c}{\sqrt{n}}=2,03$

       5. $\mu\in[50,97;55,03]$

68)   n > 30 → Annäherung durch die Standardnormalverteilung ist möglich.

       Intervall: [51,89; 54,11]

69)   unbekannte Verteilung der Grundgesamtheit, n > 30:

       $c=2,575$ $\overline{x}=2400$ $S=255$ $\frac{S\cdot c}{\sqrt{n}}=29,37$

       [2370,63; 2429,37]

70) $c=\Phi^{-1}(0,98)\approx 2,05$ $\overline{x}=0,07$ $\hat{\sigma}=\sqrt{0,07\cdot 0,93}=0,255$ $\frac{\hat{\sigma}\cdot c}{\sqrt{n}}=0,052$

Der Ausschussanteil liegt zwischen 1,8 und 12,2%.

71) $c = 1,88 \quad \bar{x} = 8,2 \quad \sigma = 7 \quad \dfrac{\sigma \cdot c}{\sqrt{n}} \approx 3,4 \quad [4,8; \; 11,6]$

72) $\left(\bar{x} + \dfrac{c \cdot \sigma}{\sqrt{n}}\right) - \left(\bar{x} - \dfrac{c \cdot \sigma}{\sqrt{n}}\right) = 2 \cdot \dfrac{c \cdot \sigma}{\sqrt{n}} = 1,96; \qquad c = \Phi^{-1}(0,975) \quad = \quad 1,96; \quad \sqrt{n} = 4$

$\dfrac{\sigma \cdot 1,96}{4} = 0,98; \qquad \sigma = 2$

73) $\bar{x} = 2 \quad S^2 = \dfrac{1}{n-1}\sum(X_i - \bar{x})^2 \quad S^2 = \dfrac{1}{8}(1+4+0+1+4+9+4+0+1) = 3 \rightarrow S = \sqrt{3}$

$3,672 - 2 = 1,672 \rightarrow \dfrac{\sqrt{3} \cdot c}{\sqrt{9}} = 1,672 \rightarrow c \approx 2,896$

Die Spalte unter n = 8 der t-Verteilung liefert für 2,896 den Randwert 0,99. Also ist

$1 - \dfrac{\alpha}{2} = 0,99 \quad \alpha = 0,02;$ Das Konfidenzniveau war 0,98.

74)   1.   Konfidenzniveau: 0,95

   2. $c_1 = 0,025$-Fraktil der $\chi^2(8)$-Verteilung = 2,18

       $c_2 = 0,975$-Fraktil der $\chi^2(8)$-Verteilung = 17,53

   3. $S^2 = 7 \qquad (n-1)S^2 = 56$

   4. $v_u = \dfrac{(n-1)S^2}{c_2} = \dfrac{56}{17,53} = 3,19 \quad v_o = \dfrac{(n-1)S^2}{c_1} = \dfrac{56}{2,18} = 17,55$

   5.   Intervall: [3,19; 17,55]

75)   1.   Konfidenzniveau: 0,9

   2. $c_1: \tilde{\alpha} = \Phi^{-1}(0,05) = -1,646 \rightarrow c_1 = 0,5(-1,646 + \sqrt{999})^2 = 448,83$

       $c_2: \tilde{\alpha} = \Phi^{-1}(0,95) = 1,646 \rightarrow c_2 = 0,5(1,646 + \sqrt{999})^2 = 552,88$

   3. $(n-1)S^2 = 32447475$

   4. $v_u = \dfrac{32447475}{552,88} = 58688 \qquad v_o = \dfrac{32447475}{448,83} = 72293$

   5   Intervall: [58688; 72293]

76)   dichotome Grundgesamtheit; $n > 30$; $n \cdot \bar{x} = 31$; $n \cdot (1 - \bar{x}) = 206$ \qquad (beides ≥ 5) $\rightarrow$
   approximativer Gaußtest (4.3.1.3)

1. $H_0: p \geq p_0 = 0,2$ gegen: $H_1: p < 0,2$

2. $\alpha = 0,05$

3. $B = (-\infty; -\Phi^{-1}(0,95))$ (Fall C)

        $B = (-\infty; -1,645)$

4. $v = \dfrac{\bar{x} - p_0}{\sqrt{p_0(1-p_0)}} \cdot \sqrt{n} \quad v = \dfrac{0,13 - 0,2}{\sqrt{0,2 \cdot 0,8}} \cdot \sqrt{237} = -2,69$

5.   v ist im Ablehnungsbereich, man kann damit rechnen, dass die
        Pappkameraden Wirkung gezeigt haben.

77)   Einstichproben-t-Test:

1. $H_0: \mu \geq \mu_0 = 460$ gegen: $H_1: \mu < 460$

2. $\alpha = 0,1$

3. $B = (-\infty; -x_{1-\alpha})$ (Fall C) $x_{1-\alpha}$ ist der 0,9-Fraktilswert der $t(8) - Verteilung$

        $B = (-\infty; -1,397)$

4. $\bar{x} = 420$

        $s^2 = \frac{1}{8}(625 + 2500 + 2809 + 1444 + 100 + 1089 + 6889 + 3481 + 13689)$

        $= 4078,25$

        $s = 63,86$

        $v = \dfrac{420 - 460}{63,86} \cdot \sqrt{9} = -1,88$

5.   Der Kioskbesitzer hat richtig vermutet, die mittleren Tageseinnahmen sind
        deutlich unter 460 gesunken.

78)   Signifikanztest   für σ^2,   normalverteilte   Grundgesamtheit, μ bekannt:
        $\chi^2 - Test$ (4.3.1.4)

1. $H_0: \sigma^2 \geq 0,25$ $H_1: \sigma^2 < 0,25$

2. $\alpha = 0,06$

3. $B = (0; x_\alpha)$ x_α ist das $0,94 -$ Fraktil der χ^2-(9)-Verteilung. Vertafelt ist nur 0,9
        und 0,95, also müsste man um genau zu sein interpolieren. Der Wert für 0,9 ist
        14,68, der für 0,95 ist 16,92. Die Differenz ist 2,24. 0,4 ist 4/5 von 0,5.
        $2,24 \cdot 4/5 = 1,792$. Also ist der Fraktilwert zu $0,94 = 14,68 + 1,792 = 16,472$

        $B = (0; 16,47)$

4. $v = \dfrac{\sum\limits_{i=1}^{n}(X_i-\mu)^2}{\sigma_0^2}$ $\bar{x}=50$ $v = \dfrac{1}{0,25}(0,49+1+0,25+0,04+1,96)=14,96$

5. v ist Element des Ablehnungsbereichs, also scheint die Behauptung des Herstellers zu stimmen.

79) Signifikanztest für μ, beliebig verteilte Grundgesamtheit, n > 30, σ unbekannt → approximativer Gaußtest (4.3.1.3)

1. $H_0: \mu = \mu_0 = 3,5$ $H_1: \mu \neq 3,5$

2. $\alpha = 0,05$

3. $B = (-\infty;-\Phi^{-1}(0,975)) \cup (\Phi^{-1}(0,975);\infty)$ (Fall A)

   $B = (-\infty; -1,96)$ oder $(1,96; \infty)$

4. $\bar{x}=3,595$, $s^2 = \dfrac{1}{n-1}\cdot\sum\limits_{i=1}^{n}x_i^2 - \dfrac{n}{n-1}\bar{x}^2$ $s^2 = 2,872 \Rightarrow s = 1,695$

   $v = \dfrac{\bar{x}-\mu}{s}\cdot\sqrt{n} = \dfrac{3,595-3,5}{1,695}\cdot\sqrt{600} = 1,37$

5. v ist nicht im Ablehnungsbereich, die Nullhypothese kann nicht verworfen werden.

Das heißt aber noch nicht, dass jede Zahl im Schnitt wirklich mit der Wahrscheinlichkeit 1/6 auftritt. Der Erwartungswert 3,5 ergibt sich z.B. auch, wenn 300 mal die 1 und 300 mal die 6 gewürfelt werden würde.

80) Jetzt ist die Grundgesamtheit dichotom verteilt, 6 oder nicht 6. Die Bedingungen für eine Approximierung durch die Normalverteilung sind erfüllt. Test 4.3.1.3:

1. $H_0: p = p_0 = 1/6$ $H_1: p \neq 1/6$

2. $\alpha = 0,05$

3. $B = (-\infty;-\Phi^{-1}(0,975)) \cup (\Phi^{-1}(0,975);\infty)$

   $B = (-\infty; -1,96)$ oder $(1,96; \infty)$

4. $v = \dfrac{\bar{x}-p_0}{\sqrt{p_0\cdot(1-p_0)}}\cdot\sqrt{n} = \dfrac{0,183-0,167}{\sqrt{\frac{1}{6}\cdot\frac{5}{6}}}\cdot\sqrt{600} = 1,05$

5. v ist nicht im Ablehnungsbereich. Zumindest, was die Wahrscheinlichkeit für das Auftreten der 6 betrifft, scheint der Würfel in Ordnung zu sein.

81)   1. H_0: $\mu = \mu_0 = 40\,000$ H_1: $\mu \neq 40\,000$

      2. $\alpha = 0,05$

      3. $B = (-\infty;-\Phi^{-1}(0,975)) \cup (\Phi^{-1}(0,975);\infty)$

                $B = (-\infty; -1,96)$ oder $(1,96; \infty)$

      4. $v = \dfrac{\bar{x} - \mu}{s} \cdot \sqrt{n} = \dfrac{40392 - 40000}{2000} \cdot \sqrt{100} = 1,96$

      5.   1,96 ist genau die Grenze des Ablehnungsbereiches, die runde Klammer
                bedeutet aber offenes Intervall. Das heißt, die Randwerte gehören nicht zum
                Ablehnungsbereich, die Nullhypothese dürfte also nicht abgelehnt werden. Ein
                gewissenhafter Statistiker würde aber in einem solchen Fall überhaupt keine
                Aussage treffen. Hier hilft nur, den Test mit einem größeren
                Stichprobenumfang zu wiederholen.

82)   1. H_0: $F = F_0 = 9 : 3 : 3 : 1$ – verteilt H_1: $F \neq F0$ – verteilt

      2. $\alpha = 0,05$

      3.   gelb-rund   gelb-kantig   grün-rund   grün-kantig

                h_j: 97   28   26   9

                p_j: 9/16   3/16   3/16   1/16

                np_j: 90   30   30   10

      $$v = \sum_{j=1}^{k} \frac{(h_j - np_j)^2}{np_j} = \frac{(97-90)^2}{90} + \frac{(28-30)^2}{30} + \frac{(26-30)^2}{30} + \frac{(9-10)^2}{10} = 1,31$$

      4. $x_{1-\alpha} = \chi^2(0,95;3) = 7,81 \rightarrow B = (7,81; \infty)$

      5.   Die Nullhypothese wird nicht verworfen.

83)   Natürlich hängt das Ergebnis von Ihrer Stichprobe ab. Mein Versuch hat folgendes
      Stichprobenergebnis gezeigt:

a_i	18	19	20	23	25	26	27	28	29	30	31	32	33	34	35	36	40
$h(a_i)$	1	1	1	1	4	1	4	2	1	2	2	3	1	2	1	2	1

      μ ist mit 28 vorgegeben. Für $\hat{\sigma}$ ergibt sich mit $\hat{\sigma} = \sqrt{\frac{1}{n}\sum (x_i - \mu)^2}$ der Wert 5,28.

      1. H_0: $F = F_0 = N(28; 5,28)$-verteilt H_1: $F \neq F_0$-verteilt

2. $\alpha = 0,025$

3.   Einteilung der Intervalle:

A_j:	$(-\infty; 23]$	$(23;26]$	$(26;29]$	$(29;32]$	$(32;\infty)$
h_j:	4	5	7	7	7

$N(1;0)$: $(-\infty;-0,95]$ $(-0,95;-0,38]$ $(-0,38;0,19]$ $(0,19;0,76]$ $(0,76;\infty)$

p_j:	0,1711	0,1809	0,2233	0,2011	0,2236
np_j:	5,133	5,427	6,699	6,033	6,708

$v = 0,465$

4. $x_{1-\alpha} = \chi^2(0,975;3) = 9,35$ (Da wir 5 Intervalle haben und einen Parameter, nämlich σ, schätzen mussten, haben wir nur noch $5-1-1 = 3$ Freiheitsgrade.

5.   Die Nullhypothese wird nicht abgelehnt.

84) 1. H_0: $F = F_0 =$ exponentialverteilt mit $\lambda = 0,1$ H_1: $F \neq F_0$-verteilt

2. $\alpha = 0,05$

3.

A_j:	$(0; 5]$	$(5;10]$	$(10;15]$	$(15;\infty]$
h_j:	17	7	6	10
p_j:	0,393	0,239	0,145	0,223
np_j:	15,72	9,56	5,8	8,92

(Zu p: die Verteilungsfunktion der Exponentialverteilung ist $F(x) = 1 - e^{-\lambda x}$. Die Wahrscheinlichkeit, dass X in das Intervall $(5;10]$ fällt, ist $F(10) - F(5)$ $= 1 - e^{-1} - (1 - e^{-0,5}) = e^{-0,5} - e^{-1} = 0,239$)

$v = 0,93$

4. $x_{1-\alpha} = \chi^2(0,95;3) = 7,81$

5.   Die Nullhypothese kann nicht verworfen werden.

85)

Vater / Sohn	Arbeiter	Angestellte	Beamte	Selbständige	
Arbeiter	22,5	15	7,5	5	
	40	10	0	0	50
Angestellte	36	24	12	8	
	40	25	5	10	80
Beamte	27	18	9	6	
	10	25	25	0	60
Selbständige	4,5	3	1,5	1	
	0	0	0	10	10
	90	60	30	20	200

$$v = \frac{306,25}{22,5} + \frac{25}{15} + \ldots + \frac{81}{1}$$

$$v = 170,72 \qquad\qquad x_{1-\alpha} = \chi^2(0,9;9) = 14,68 \rightarrow B = (14,68;\infty)$$

v ist weit im Ablehnungsbereich, also kann man davon ausgehen, dass die beiden Merkmale voneinander abhängig sind.

86)   1. H_0: Die Merkmale sind unabhängig. H_1: Die Merkmale sind abhängig

      2. $\alpha = 0,05$

3.

Haustier / Einkommen	Hund	Katze	Hamster	
unter 1000	8	6	6	
	3	1	16	20
1000 – 3000	26	19,5	19,5	
	30	25	10	65
Über 3000	6	4,5	4,5	
	7	4	4	15
	40	30	30	100

4. $v = \dfrac{25}{8} + \dfrac{25}{6} + \dfrac{100}{6} + \dfrac{16}{26} + ... + \dfrac{0,25}{4,5} = 31,03$

5. $x_{1-\alpha} = \chi^2(0,95;4) = 9,49 \rightarrow B = (9,49;\infty)$

6. Die Nullhypothese wird abgelehnt, die Wahl des Haustieres ist wahrscheinlich vom Einkommen abhängig.

87) 1. H_0: Die Merkmale sind unabhängig. H_1: Die Merkmale sind abhängig

2. $\alpha = 0,05$

3.

Haustier / Einkommen	Hund	Katze	
unter 1000	2,29	1,71	
	3	1	4
1000 – 3000	31,43	23,57	
	30	25	55
Über 3000	6,29	4,71	
	7	4	11
	40	30	70

4. $v = \dfrac{0,5041}{2,29} + \dfrac{0,5041}{1,71} + \dfrac{2,0449}{31,43} + \dfrac{2,0449}{23,57} + \dfrac{0,5041}{6,29} + \dfrac{0,5041}{4,71} = 0,85$

5. $x_{1-\alpha} = \chi^2(0,95;2) = 5,99 \rightarrow B = (5,99;\infty)$

6.   Die Nullhypothese wird nicht abgelehnt. Wahrscheinlich ist die Wahl Hund oder Katze nicht vom Einkommen abhängig.

88) 1. $H_0: \mu_1 \geq \mu_2$ $H_1: \mu_1 < \mu_2$

     2. $\alpha = 0,05$

     3. $x_{1-\alpha} = t^{-1}(0,95;10) = 1,812 \rightarrow \quad B = (-\infty; -1,812)$

     4. $\bar{x} = 3,29 \qquad \bar{y} = 3,2$

          $s_1 = 1,1 \quad s_2 = 1,48$

          $D = 0,09$

$$\hat{\sigma}_D = \sqrt{\dfrac{(n_1-1)S_1^2 + (n_2-1)S_2^2}{n_1+n_2-2} \cdot \dfrac{n_1+n_2}{n_1 \cdot n_2}} \;=\; \sqrt{\dfrac{6 \cdot 1,24 + 4 \cdot 2,2}{10} \cdot \dfrac{12}{7 \cdot 5}} = 0,746$$

$$v = \dfrac{D}{\hat{\sigma}_D} = \dfrac{0,09}{0,746} = 0,12$$

     5.   v ist nicht Element des Ablehnungsbereiches, H_0 kann nicht verworfen werden, wahrscheinlich sind die Statistikleistungen der BWL-Studenten nicht besser als die der IM-Studenten.

89)

BWL (μ_1)	3	3	2	5	4	2	4
IM (μ_2)	5	1	3	3	4		

1. $H_0: \quad \sigma_1^2 = \sigma_2^2$ $H_1: \quad \sigma_1^2 \neq \sigma_2^2$

2. $\alpha = 0,02$

3. $F^{-1}_{0,99}(6;4) = 15,2;$ $F^{-1}_{0,01}(6;4) = \dfrac{1}{F^{-1}_{0,99}(4;6)} = 0,11$

     $B = (0; 0,11)$ oder $(15,2; \infty)$

4. $v = \dfrac{1,238}{2,2} = 0,56$

5. Der Testfunktionswert ist nicht im Ablehnungsbereich, man kann davon ausgehen, dass die Varianzen der Grundgesamtheiten gleich sind.

90) KH 1: μ kann mit 25 als bekannt vorausgesetzt werden. Für σ muss der Schätzwert s bestimmt werden. s = 2,16

    1. H_0: $F = F_0 = N(25; 2,16)$-verteilt H_1: $F \neq F_0$-verteilt

    2. $\alpha = 0,05$

    3. Einteilung der Intervalle:

A_j:	$(-\infty; 24]$	$(24;26]$	$(26;\infty]$
h_j:	6	6	4
N(1;0):	$(-\infty; -0,46]$	$(-0,46; 0,46]$	$(0,46; \infty)$
p_j:	0,3228	0,3544	0,3228
np_j:	5,1648	5,6704	5,1648

    v = 1,35

    4. $x_{1-\alpha}$ = ist das 0,95-Fraktil der $\chi^2(k-r-1)$-Verteilung = $\chi^2(1)$ = 3,84 (3 Intervalle – 1 für den geschätzten Parameter s, - 1 (laut Formel)).

    5. Die Nullhypothese wird nicht abgelehnt.

KH 2: $\mu = 25$, s = 4,21

    1. H_0: $F = F_0 = N(25; 4,21)$-verteilt H_1: $F \neq F_0$-verteilt

    2. $\alpha = 0,05$

    3. Einteilung der Intervalle:

A_j:	$(-\infty; 23]$	$(23;27]$	$(27;\infty)$
h_j:	4	8	4
N(1;0):	$(-\infty; -0,48]$	$(-0,48; 0,48]$	$(0,48; \infty)$
p_j:	0,3156	0,3688	0,3156
np_j:	5,0496	5,9008	5,0496

    v = 1,18

    4. $B = (3,84; \infty)$

    5. Die Nullhypothese wird nicht abgelehnt.

91) Normalverteilte Grundgesamtheit, σ unbekannt, $n \leq 30$; 4.2.2.2

    1. $1 - \alpha = 0,95$

2. $c = 2,131$

3. $\bar{x} = 25 \quad S = 2,16$

4. $\dfrac{s \cdot c}{\sqrt{n}} = 1,15$

5. $\mu \in [23,85; 26,15]$

92)   1.   Konfidenzniveau: 0,95

2. $c_1 = 0,025$-Fraktil der $\chi^2(16)$-Verteilung $= 6,91$

(μ kann wieder mit 25 als gegeben angesehen werden.)

$c_2 = 0,975$-Fraktil der $\chi^2(16)$-Verteilung $= 28,85$

3. $\displaystyle\sum_{i=1}^{16} (x_i - \mu)^2 = 266$

4. $v_u = \dfrac{266}{28,85} = 9,22 \qquad v_o = \dfrac{266}{6,91} = 39,49$

5.   Intervall: $[\ 9,22;\ 39,49]$

93)   Normalverteilte Grundgesamtheit, σ unbekannt, n < 30, Einstichproben-t-Test
(4.3.1.3)

1. $H_0: \mu \le \mu_0 = 25 \qquad\qquad H_1: \mu > \mu_0$

2.   Signifikanzniveau: 0,05

3. $B = (x_{1-\alpha}; \infty)$ $x_{1-\alpha}$ ist das 0,95-Fraktil der t(9)-Verteilung $= 1,833$

$B = (1,833, \infty)$

4. $v = \dfrac{\bar{x} - \mu_0}{s}\sqrt{n} \quad \bar{x} = 26\,;\ s = 2,26 \quad v = \dfrac{26 - 25}{2,26}\sqrt{10} = 1,4$

5.   Der Testfunktionswert ist nicht im Ablehnungsbereich von H_0, das heißt, auf
Grund der Daten kann man noch nicht von einer signifikanten Erhöhung der
Verkaufszahlen sprechen.

Formeln, Symbole und Verteilungsfunktionen

Griechisches Alphabet

A	α	Alpha	H	η	Eta	N	ν	Ny	T	τ	Tau
B	β	Beta	Θ	θ(ϑ)	Theta	Ξ	ξ	Xi	Y	υ	Ypsilon
Γ	γ	Gamma	I	ι	Jota	O	o	Omikron	Φ	φ	Phi
Δ	δ	Delta	K	κ	Kappa	Π	π	Pi	X	χ	Chi
E	ε	Epsilon	Λ	λ	Lambda	P	ρ	Rho	Ψ	ψ	Psi
Z	ζ	Zeta	M	μ	My	Σ	σ	Sigma	Ω	ω	Omega

Häufig verwendete Symbole

°	Aufgaben mit erhöhtem Schwierigkeitsgrad
(..)	offenes Intervall
[..]	geschlossenes Intervall
f(x)	Wahrscheinlichkeits- oder Dichtefunktion
F(x)	Verteilungsfunktion
N(μ,σ)	Normalverteilung mit dem Erwartungswert μ und der Standardabweichung σ
Ω	Ergebnisraum
P(A)	Wahrscheinlichkeit für das Ereignis A
$P(A|B)$	Wahrscheinlichkeit für das Ereignis A unter der Bedingung B
$P(A \cap B)$	Wahrscheinlichkeit für das Eintreten der Ereignisse A und B
X, Y,..	Zufallsvariablen

x,y,.. Realisierungen der Zufallsvariablen X, Y,…

Sie kennen vielleicht die seltsame Symbolverbindung $P(X = x_i)$. Sie bedeutet die Wahrscheinlichkeit dafür, dass die Zufallsvariable X genau den Wert x_i annimmt. Gleiche Bedeutung hat übrigens die Unterscheidung zwischen S und s für die Stichprobenvarianz.

$\overline{X}$ Querbalken bedeutet Mittelwert

$\hat{\sigma}$ „Dach" bedeutet Schätzwert

$c = \Phi^{-1}(0{,}9)$ Umkehrfunktion der Standardnormalverteilung. c ist das 0,9-Fraktil der Standardnormalverteilung. Sie haben die Wahrscheinlichkeit mit 0,9 gegeben und c ist der gesuchte Wert auf der x-Achse.

Formeln

Arithmetisches Mittel:
$$\overline{x} = \frac{1}{n} \cdot \sum_{i=1}^{n} x_i$$

Geometrisches Mittel:
$$\overline{x}_G = \sqrt[n]{x_1 \cdot x_2 \cdot \ldots x_n}$$

Harmonisches Mittel:
$$\overline{x}_H = \frac{\sum_{i=1}^{v} h_i}{\sum_{i=1}^{v} \frac{h_i}{x_i}} = \frac{n}{\sum_{i=1}^{v} \frac{h_i}{x_i}} = \frac{n}{\sum_{i=1}^{n} \frac{1}{x_i}}$$

Mittlere quadratische Abweichung:
$$s^2 = \frac{1}{n} \cdot \sum_{i=1}^{n} (x_i - \overline{x})^2$$

Standardabweichung:
$$s = \sqrt{s^2}$$

Variationskoeffizient:
$$V = \frac{s}{\overline{x}}$$

Gini-Koeffizient:
$$G = \frac{2 \cdot \sum_{i=1}^{n} i \cdot x_i - (n+1) \cdot \sum_{i=1}^{n} x_i}{n \cdot \sum_{i=1}^{n} x_i}$$

Normierter Gini-Koeffizient:
$$G^* = \frac{n}{n-1} \cdot G$$

Chi-Quadrat:

$$\chi^2 = \sum_{i=1}^{k} \sum_{j=1}^{l} \frac{(h_{ij} - \tilde{h}_{ij})^2}{\tilde{h}_{ij}}$$

Kontingenzkoeffizient:

$$K = \sqrt{\frac{\chi^2}{n + \chi^2}}$$

Normierter Kontingenzkoeffizient:

$$K_* = \sqrt{\frac{M}{M-1}} \cdot K$$

Bravais-Pearson-Korrelationskoeffizient:

$$r = \frac{\sum_{i=1}^{n}(x_i - \bar{x})(y_i - \bar{y})}{\sqrt{\sum_{i=1}^{n}(x_i - \bar{x})^2 \sum_{i=1}^{n}(y_i - \bar{y})^2}}$$

$$r = \frac{\sum_{i=1}^{n}x_i y_i - n\bar{x}\bar{y}}{\sqrt{(\sum_{i=1}^{n}x_i^2 - n\bar{x}^2)(\sum_{i=1}^{n}y_i^2 - n\bar{y}^2)}}$$

Rangkorrelationskoeffizient (Spearman):

$$r_{SP} = 1 - \frac{6\sum_{i=1}^{n}(R_i - R_i')^2}{(n-1)n(n+1)}$$

Regressionsgerade: $y = a + bx$:

Steigung b:

$$b = \frac{\sum(x_i - \bar{x})(y_i - \bar{y})}{\sum(x_i - \bar{x})^2} \qquad b = \frac{\sum x_i y_i - n\bar{x}\bar{y}}{\sum x_i^2 - n\bar{x}^2}$$

y-Achsenabschnitt a: $a = \bar{y} - b\bar{x}$

Preisindizes:

Laspeyres:

$$P_{0t}^{L} = \frac{\sum p_t(i) \cdot q_0(i)}{\sum p_0(i) \cdot q_0(i)}$$

Paasche:

$$P_{0t}^{P} = \frac{\sum p_t(i) \cdot q_t(i)}{\sum p_0(i) \cdot q_t(i)}$$

Gleitender Durchschnitt:

    Ungerader Ordnung:
$$x_t^* = \frac{1}{2k+1} \sum_{i=t-k}^{t+k} x_i$$

    Gerader Ordnung:
$$x_t^* = \frac{1}{2k} \cdot \left(\frac{x_{t-k}}{2} + \frac{x_{t+k}}{2} + \sum_{i=t-(k-1)}^{t+(k-1)} x_i \right)$$

Exponentielles Glätten:

    Glättungswert 1. Ordnung:
$$S_t = \alpha \cdot y_t + (1-\alpha) \cdot S_{t-1}$$

    Prognosewert 1. Ordnung:
$$\hat{y}_{t+1} = \alpha y_t + (1-\alpha)\hat{y}_t$$

    Glättungswert 2. Ordnung:
$$S_t^2 = \alpha \cdot S_t^1 + (1-\alpha) \cdot S_{t-1}^2$$

    Prognosewert 2. Ordnung
$$\hat{y}_{t+\tau} = a_t + b_t \cdot \tau \text{ , mit:}$$

$$a_t = 2 \cdot S_t^1 - S_t^2$$

$$b_t = \frac{\alpha}{1-\alpha} \cdot \left(S_t^1 - S_t^2 \right)$$

Stochastische Unabhängigkeit:
$$P(A \cap B) = P(A) \cdot P(B)$$

Bedingte Wahrscheinlichkeit:
$$P(A|B) = \frac{P(A \cap B)}{P(B)}$$

Formel von Bayes:
$$P(A_i|B) = \frac{P(A_i) \cdot P(B|A_i)}{\sum_{j=1}^{n} P(A_j) \cdot P(B|A_j)}$$

Erwartungswert:

    Diskrete Verteilungen:
$$E(X) = \sum_{i=1}^{n} x_i \cdot f(x_i)$$

    Stetige Verteilungen:
$$E(X) = \int_{-\infty}^{\infty} x \cdot f(x) dx$$

Varianz:

Diskrete Verteilungen:
$$Var(X) = \sum_{i=1}^{n} [x_i - E(x)]^2 \cdot f(x_i)$$

Stetige Verteilungen:
$$Var(X) = \sigma^2 = \int_{-\infty}^{\infty} [x - E(x)]^2 \cdot f(x)dx$$

Verteilungen:

Binomialverteilung:
$$B(n; p; x) = \binom{n}{x} \cdot p^x \cdot (1-p)^{n-x}$$

$$E(X) = n \cdot p \qquad Var(X) = n \cdot p \cdot (1-p)$$

Hypergeometrische Verteilung:
$$H(N; K; n; x) = \frac{\binom{K}{x} \cdot \binom{N-K}{n-x}}{\binom{N}{n}}$$

Poisson-Verteilung:
$$f(x) = \begin{cases} \frac{\lambda^x}{x!} \cdot e^{-\lambda}, & \text{für} \quad x = 0,1,2,\dots \\ 0 & , \quad \text{sonst} \end{cases}$$

(Dichtefunktion)
$$E(X) = \lambda = n \cdot p \qquad Var(X) = n \cdot p = \lambda$$

Gleichverteilung:
$$F(x) = \frac{x-a}{b-a}$$

$$E(X) = \frac{a+b}{2} \qquad Var(X) = \frac{(b-a)^2}{12}$$

Exponentialverteilung:
$$F(x) = 1 - e^{-\lambda x}$$

$$E(X) = \frac{1}{\lambda} \qquad Var(X) = \frac{1}{\lambda^2}$$

Normalverteilung:
$$\varphi(x) = \frac{1}{\sqrt{2\pi}\sigma} \cdot e^{-\frac{(x-\mu)^2}{2\sigma^2}} \quad \text{(Dichtefunktion)}$$

$$E(X) = \mu \qquad Var(X) = \sigma^2$$

Verteilungsfunktion der Binomialverteilung

p		0,05	0,1	0,15	0,2	0,25	0,3	1/3	0,35	0,4	0,45	0,5
n	k											
10	0	0,5987	0,3487	0,1969	0,1074	0,0563	0,0282	0,0173	0,0135	0,0060	0,0025	0,0010
	1	0,9139	0,7361	0,5443	0,3758	0,2440	0,1493	0,1040	0,0860	0,0464	0,0233	0,0107
	2	0,9885	0,9298	0,8202	0,6778	0,5256	0,3828	0,2991	0,2616	0,1673	0,0996	0,0547
	3	0,9990	0,9872	0,9500	0,8791	0,7759	0,6496	0,5593	0,5138	0,3823	0,2660	0,1719
	4	0,9999	0,9984	0,9901	0,9672	0,9219	0,8497	0,7869	0,7515	0,6331	0,5044	0,3770
	5	1,0000	0,9999	0,9986	0,9936	0,9803	0,9527	0,9234	0,9051	0,8338	0,7384	0,6230
	6		1,0000	0,9999	0,9991	0,9965	0,9894	0,9803	0,9740	0,9452	0,8980	0,8281
	7			1,0000	0,9999	0,9996	0,9984	0,9966	0,9952	0,9877	0,9726	0,9453
	8				1,0000	1,0000	0,9999	0,9996	0,9995	0,9983	0,9955	0,9893
	9						1,0000	1,0000	1,0000	0,9999	0,9997	0,9990
	10									1,0000	1,0000	1,0000
15	0	0,4633	0,2059	0,0874	0,0352	0,0134	0,0047	0,0023	0,0016	0,0005	0,0001	
	1	0,8290	0,5490	0,3186	0,1671	0,0802	0,0353	0,0194	0,0142	0,0052	0,0017	0,0005
	2	0,9638	0,8159	0,6042	0,3980	0,2361	0,1268	0,0794	0,0617	0,0271	0,0107	0,0037
	3	0,9945	0,9444	0,8227	0,6482	0,4613	0,2969	0,2092	0,1727	0,0905	0,0424	0,0176
	4	0,9994	0,9873	0,9383	0,8358	0,6865	0,5155	0,4041	0,3519	0,2173	0,1204	0,0592
	5	0,9999	0,9978	0,9832	0,9389	0,8516	0,7216	0,6184	0,5643	0,4032	0,2608	0,1509
	6	1,0000	0,9997	0,9964	0,9819	0,9434	0,8689	0,7970	0,7548	0,6098	0,4522	0,3036
	7		1,0000	0,9994	0,9958	0,9827	0,9500	0,9118	0,8868	0,7869	0,6535	0,5000
	8			0,9999	0,9992	0,9958	0,9848	0,9692	0,9578	0,9050	0,8182	0,6964
	9			1,0000	0,9999	0,9992	0,9963	0,9915	0,9876	0,9662	0,9231	0,8491
	10				1,0000	0,9999	0,9993	0,9982	0,9972	0,9907	0,9745	0,9408
	11					1,0000	0,9999	0,9997	0,9995	0,9981	0,9937	0,9824
	12						1,0000	1,0000	0,9999	0,9997	0,9989	0,9963
	13								1,0000	1,0000	0,9999	0,9995
	14										1,0000	1,0000
20	0	0,3585	0,1216	0,0388	0,0115	0,0032	0,0008	0,0003	0,0002			
	1	0,7358	0,3917	0,1756	0,0692	0,0243	0,0076	0,0033	0,0021	0,0005	0,0001	
	2	0,9245	0,6769	0,4049	0,2061	0,0913	0,0355	0,0176	0,0121	0,0036	0,0009	0,0002
	3	0,9841	0,8670	0,6477	0,4114	0,2252	0,1071	0,0604	0,0444	0,0160	0,0049	0,0013
	4	0,9974	0,9568	0,8298	0,6296	0,4148	0,2375	0,1515	0,1182	0,0510	0,0189	0,0059
	5	0,9997	0,9887	0,9327	0,8042	0,6172	0,4164	0,2972	0,2454	0,1256	0,0553	0,0207
	6	1,0000	0,9976	0,9781	0,9133	0,7858	0,6080	0,4793	0,4166	0,2500	0,1299	0,0577
	7		0,9996	0,9941	0,9679	0,8982	0,7723	0,6615	0,6010	0,4159	0,2520	0,1316
	8		0,9999	0,9987	0,9900	0,9591	0,8867	0,8095	0,7624	0,5956	0,4143	0,2517
	9		1,0000	0,9998	0,9974	0,9861	0,9520	0,9081	0,8782	0,7553	0,5914	0,4119
	10			1,0000	0,9994	0,9961	0,9829	0,9624	0,9468	0,8725	0,7507	0,5881
	11				0,9999	0,9991	0,9949	0,9870	0,9804	0,9435	0,8692	0,7483

Verteilungsfunktion der Binomialverteilung

p		0,05	0,1	0,15	0,2	0,25	0,3	1/3	0,35	0,40	0,45	0,50
n	k											
20	12				1,0000	0,9998	0,9987	0,9963	0,9940	0,9790	0,9420	0,8684
	13					1,0000	0,9997	0,9991	0,9985	0,9935	0,9786	0,9423
	14						1,0000	0,9998	0,9997	0,9984	0,9936	0,9793
	15							1,0000	1,0000	0,9997	0,9985	0,9941
	16									1,0000	0,9997	0,9987
	17										1,0000	0,9998
	18											1,0000
25	0	0,2774	0,0718	0,0172	0,0038	0,0008	0,0001					
	1	0,6424	0,2712	0,2712	0,0274	0,0070	0,0016	0,0005	0,0003	0,0001		
	2	0,8729	0,5371	0,5371	0,0982	0,0321	0,0090	0,0035	0,0021	0,0004	0,0001	
	3	0,9659	0,7636	0,7636	0,2340	0,0962	0,0332	0,0149	0,0097	0,0024	0,0005	0,0001
	4	0,9928	0,9020	0,9020	0,4207	0,2137	0,0905	0,0462	0,0320	0,0095	0,0023	0,0005
	5	0,9988	0,9666	0,9666	0,6167	0,3783	0,1935	0,1120	0,0826	0,0294	0,0086	0,0020
	6	0,9998	0,9905	0,9905	0,7800	0,5611	0,3407	0,2215	0,1734	0,0736	0,0258	0,0073
	7	1,0000	0,9977	0,9977	0,8909	0,7265	0,5118	0,3703	0,3061	0,1536	0,0639	0,0216
	8		0,9995	0,9995	0,9532	0,8506	0,6769	0,5376	0,4668	0,2735	0,1340	0,0539
	9		0,9999	0,9999	0,9827	0,9287	0,8106	0,6956	0,6303	0,4246	0,2424	0,1148
	10		1,0000	1,0000	0,9944	0,9703	0,9022	0,8220	0,7712	0,5858	0,3843	0,2122
	13				0,9999	0,9991	0,9940	0,9836	0,9745	0,9222	0,8173	0,6550
	14				1,0000	0,9998	0,9982	0,9944	0,9907	0,9656	0,9040	0,7878
	15					1,0000	0,9995	0,9984	0,9971	0,9868	0,9560	0,8852
	16						0,9999	0,9996	0,9992	0,9957	0,9826	0,9461
	17						1,0000	0,9999	0,9998	0,9988	0,9942	0,9784
	18							1,0000	1,0000	0,9997	0,9984	0,9927
	19									0,9999	0,9996	0,9980
	20									1,0000	0,9999	0,9995
	21										1,0000	0,9999
	22											1,0000
30	0	0,2146	0,0424	0,0076	0,0012	0,0002						
	1	0,5535	0,1837	0,0480	0,0105	0,0020	0,0003	0,0001				
	2	0,8122	0,4114	0,1514	0,0442	0,0106	0,0021	0,0007	0,0003			
	3	0,9392	0,6474	0,3217	0,1227	0,0374	0,0093	0,0033	0,0019	0,0003		
	4	0,9844	0,8245	0,5245	0,2552	0,0979	0,0302	0,0122	0,0075	0,0015	0,0002	
	5	0,9967	0,9268	0,7106	0,4275	0,2026	0,0766	0,0355	0,0233	0,0057	0,0011	0,0002
	6	0,9994	0,9742	0,8474	0,6070	0,3481	0,1595	0,0838	0,0586	0,0172	0,0040	0,0007
	7	0,9999	0,9922	0,9302	0,7608	0,5143	0,2814	0,1668	0,1238	0,0435	0,0121	0,0026
	8	1,0000	0,9980	0,9722	0,8713	0,6736	0,4315	0,2860	0,2247	0,0940	0,0312	0,0081
	9		0,9995	0,9903	0,9389	0,8034	0,5888	0,4317	0,3575	0,1763	0,0694	0,0214

Verteilungsfunktion der Binomialverteilung

p		0,05	0,1	0,15	0,2	0,25	0,3	1/3	0,35	0,40	0,45	0,50
n	k											
30	10		0,9999	0,9971	0,9744	0,8943	0,7304	0,5848	0,5078	0,2915	0,1350	0,0494
	11		1,0000	0,9992	0,9905	0,9493	0,8407	0,7239	0,6548	0,4311	0,2327	0,1002
	12			0,9998	0,9969	0,9784	0,9155	0,8340	0,7802	0,5785	0,3592	0,1808
	13			1,0000	0,9991	0,9918	0,9599	0,9102	0,8737	0,7145	0,5025	0,2923
	14				0,9998	0,9973	0,9831	0,9565	0,9348	0,8246	0,6448	0,4278
	15				0,9999	0,9992	0,9936	0,9812	0,9699	0,9029	0,7691	0,5722
	16				1,0000	0,9998	0,9979	0,9928	0,9876	0,9519	0,8644	0,7077
	17					0,9999	0,9994	0,9975	0,9955	0,9788	0,9286	0,8192
	13					0,9918	0,9599	0,9102	0,8737	0,7145	0,5025	0,2923
	14					0,9973	0,9831	0,9565	0,9348	0,8246	0,6448	0,4278
	15					0,9992	0,9936	0,9812	0,9699	0,9029	0,7691	0,5722
	16					0,9998	0,9979	0,9928	0,9876	0,9519	0,8644	0,7077
	17					0,9999	0,9994	0,9975	0,9955	0,9788	0,9286	0,8192
	18					1,0000	0,9998	0,9993	0,9986	0,9917	0,9666	0,8998
	19						1,0000	0,9998	0,9996	0,9971	0,9862	0,9506
	20							1,0000	0,9999	0,9991	0,9950	0,9786
	21								1,0000	0,9998	0,9984	0,9919
	22									1,0000	0,9996	0,9974
	23										0,9999	0,9993
	24										1,0000	0,9998
	25											1,0000
50	0	0,0769	0,0052	0,0003								
	1	0,2794	0,0338	0,0029	0,0002							
	2	0,5405	0,1117	0,0142	0,0013	0,0001						
	3	0,7604	0,2503	0,0460	0,0057	0,0005						
	4	0,8964	0,4312	0,1121	0,0185	0,0021	0,0002					
	5	0,9622	0,6161	0,2194	0,0480	0,0070	0,0007	0,0001	0,0001			
	6	0,9882	0,7702	0,3613	0,1034	0,0194	0,0025	0,0005	0,0002			
	7	0,9968	0,8779	0,5188	0,1904	0,0453	0,0073	0,0017	0,0008	0,0001		
	8	0,9992	0,9421	0,6681	0,3073	0,0916	0,0183	0,0050	0,0025	0,0002		
	9	0,9998	0,9755	0,7911	0,4437	0,1637	0,0402	0,0127	0,0067	0,0008	0,0001	
	10	1,0000	0,9906	0,8801	0,5836	0,2622	0,0789	0,0284	0,0160	0,0022	0,0002	
	11		0,9968	0,9372	0,7107	0,3816	0,1390	0,0570	0,0342	0,0057	0,0006	
	12		0,9990	0,9699	0,8139	0,5110	0,2229	0,1035	0,0661	0,0133	0,0018	0,0002
	13		0,9997	0,9868	0,8894	0,6370	0,3279	0,1715	0,1163	0,0280	0,0045	0,0005
	14		0,9999	0,9947	0,9393	0,7481	0,4468	0,2612	0,1878	0,0540	0,0104	0,0013
	15		1,0000	0,9981	0,9692	0,8369	0,5692	0,3690	0,2801	0,0955	0,0220	0,0033
	16			0,9993	0,9856	0,9017	0,6839	0,4868	0,3889	0,1561	0,0427	0,0077

Verteilungsfunktion der Binomialverteilung

p		0,05	0,1	0,15	0,2	0,25	0,3	1/3	0,35	0,40	0,45	0,50
n	k											
50	17			0,9998	0,9937	0,9449	0,7822	0,6046	0,5060	0,2369	0,0765	0,0164
	18			0,9999	0,9975	0,9713	0,8594	0,7126	0,6216	0,3356	0,1273	0,0325
	19			1,0000	0,9991	0,9861	0,9152	0,8036	0,7264	0,4465	0,1974	0,0595
	20				0,9997	0,9937	0,9522	0,8741	0,8139	0,5610	0,2862	0,1013
	21				0,9999	0,9974	0,9749	0,9244	0,8813	0,6701	0,3900	0,1611
	22				1,0000	0,9990	0,9877	0,9576	0,9290	0,7660	0,5019	0,2399
	23					0,9996	0,9944	0,9778	0,9604	0,8438	0,6134	0,3359
	24					0,9999	0,9976	0,9892	0,9793	0,9022	0,7160	0,4439
	25					1,0000	0,9991	0,9951	0,9900	0,9427	0,8034	0,5561
	26						0,9997	0,9979	0,9955	0,9686	0,8721	0,6641
	27						0,9999	0,9992	0,9981	0,9840	0,9220	0,7601
	28						1,0000	0,9997	0,9993	0,9924	0,9556	0,8389
	29							0,9999	0,9997	0,9966	0,9765	0,8987
	30							1,0000	0,9999	0,9986	0,9884	0,9405
	31								1,0000	0,9995	0,9947	0,9675
	32									0,9998	0,9978	0,9836
	33									0,9999	0,9991	0,9923
	34									1,0000	0,9997	0,9967
	35										0,9999	0,9987
	36										1,0000	0,9995
	37											0,9998
	38											1,0000
100	0	0,0059										
	1	0,0371	0,0003									
	2	0,1183	0,0019									
	3	0,2578	0,0078	0,0001								
	4	0,4360	0,0237	0,0004								
	5	0,6160	0,0576	0,0016								
	6	0,7660	0,1172	0,0047	0,0001							
	7	0,8720	0,2061	0,0122	0,0003							
	8	0,9369	0,3209	0,0275	0,0009							
	9	0,9718	0,4513	0,0551	0,0023							
	10	0,9885	0,5832	0,0994	0,0057	0,0001						
	11	0,9957	0,7030	0,1635	0,0126	0,0004						
	12	0,9985	0,8018	0,2473	0,0253	0,0010						
	13	0,9995	0,8761	0,3474	0,0469	0,0025	0,0001					
	14	0,9999	0,9274	0,4572	0,0804	0,0054	0,0002					
	15	1,0000	0,9601	0,5683	0,1285	0,0111	0,0004					

Verteilungsfunktion der Binomialverteilung

p		0,05	0,1	0,15	0,2	0,25	0,3	1/3	0,35	0,40	0,45	0,50
n	k											
100	16		0,9794	0,6725	0,1923	0,0211	0,0010	0,0001				
	17		0,9900	0,7633	0,2712	0,0376	0,0022	0,0002	0,0001			
	18		0,9954	0,8372	0,3621	0,0630	0,0045	0,0005	0,0001			
	19		0,9980	0,8935	0,4602	0,0995	0,0089	0,0011	0,0003			
	20		0,9992	0,9337	0,5595	0,1488	0,0165	0,0024	0,0008			
	21		0,9997	0,9607	0,6540	0,2114	0,0288	0,0048	0,0017			
	22		0,9999	0,9779	0,7389	0,2864	0,0479	0,0091	0,0034	0,0001		
	23		1,0000	0,9881	0,8109	0,3711	0,0755	0,0164	0,0066	0,0003		
	24			0,9939	0,8686	0,4617	0,1136	0,0281	0,0121	0,0006		
	25			0,9970	0,9125	0,5535	0,1631	0,0458	0,0211	0,0012		
	26			0,9986	0,9442	0,6417	0,2244	0,0715	0,0351	0,0024	0,0001	
	27			0,9994	0,9658	0,7224	0,2964	0,1066	0,0558	0,0046	0,0002	
	28			0,9997	0,9800	0,7925	0,3768	0,1524	0,0848	0,0084	0,0004	
	29			0,9999	0,9888	0,8505	0,4623	0,2093	0,1236	0,0148	0,0008	
	30			1,0000	0,9939	0,8962	0,5491	0,2766	0,1730	0,0248	0,0015	
	31				0,9969	0,9307	0,6331	0,3525	0,2331	0,0398	0,0030	0,0001
	32				0,9984	0,9554	0,7107	0,4344	0,3029	0,0615	0,0055	0,0002
	33				0,9993	0,9724	0,7793	0,5188	0,3803	0,0913	0,0098	0,0004
	34				0,9997	0,9836	0,8371	0,6019	0,4624	0,1303	0,0166	0,0009
	35				0,9999	0,9906	0,8839	0,6803	0,5458	0,1795	0,0272	0,0018
	36				0,9999	0,9948	0,9201	0,7511	0,6269	0,2386	0,0429	0,0033
	37				1,0000	0,9973	0,9470	0,8123	0,7024	0,3068	0,0651	0,0060
	38					0,9986	0,9660	0,8630	0,7699	0,3822	0,0951	0,0105
	39					0,9993	0,9790	0,9034	0,8276	0,4621	0,1343	0,0176
	40					0,9997	0,9875	0,9341	0,8750	0,5433	0,1831	0,0284
	41					0,9999	0,9928	0,9566	0,9123	0,6225	0,2415	0,0443
	42					0,9999	0,9960	0,9724	0,9406	0,6967	0,3087	0,0666
	43					1,0000	0,9979	0,9831	0,9611	0,7635	0,3828	0,0967
	44						0,9989	0,9900	0,9754	0,8211	0,4613	0,1356
	45						0,9995	0,9943	0,9850	0,8689	0,5413	0,1841
	46						0,9997	0,9969	0,9912	0,9070	0,6196	0,2421
	47						0,9999	0,9983	0,9950	0,9362	0,6931	0,3086
	48						0,9999	0,9991	0,9973	0,9577	0,7596	0,3822
	49						1,0000	0,9996	0,9985	0,9729	0,8173	0,4602
	50							0,9998	0,9993	0,9832	0,8654	0,5398
	51							0,9999	0,9996	0,9900	0,9040	0,6178
	52							1,0000	0,9998	0,9942	0,9338	0,6914
	53								0,9999	0,9968	0,9559	0,7579

Verteilungsfunktion der Binomialverteilung

p		0,05	0,1	0,15	0,2	0,25	0,3	1/3	0,35	0,40	0,45	0,50
n	k											
100	54								1,0000	0,9983	0,9716	0,8159
	55									0,9991	0,9824	0,8644
	56									0,9996	0,9894	0,9033
	57									0,9998	0,9939	0,9334
	58									0,9999	0,9966	0,9557
	59									1,0000	0,9982	0,9716
	60										0,9991	0,9824
	61										0,9995	0,9895
	62										0,9998	0,9940
	63										0,9999	0,9967
	64										1,0000	0,9982
	65											0,9991
	66											0,9996
	67											0,9998
	68											0,9999
	69											1,0000
200	0											
	1	0,0004										
	2	0,0023										
	3	0,0090										
	4	0,0264										
	5	0,0623										
	6	0,1237	0,0001									
	7	0,2133	0,0005									
	8	0,3270	0,0014									
	9	0,4547	0,0035									
	10	0,5831	0,0081									
	11	0,6998	0,0168									
	12	0,7965	0,0320	0,0001								
	13	0,8701	0,0566	0,0002								
	14	0,9219	0,0929	0,0004								
	15	0,9556	0,1431	0,0010								
	16	0,9762	0,2075	0,0021								
	17	0,9879	0,2849	0,0043								
	18	0,9942	0,3724	0,0082								
	19	0,9973	0,4655	0,0149								
	20	0,9988	0,5592	0,0255	0,0001							
	21	0,9995	0,6484	0,0415	0,0002							

Verteilungsfunktion der Binomialverteilung

p		0,05	0,1	0,15	0,2	0,25	0,3	1/3	0,35	0,40	0,45	0,50
n	k											
200	22	0,9998	0,7290	0,0645	0,0005							
	23	0,9999	0,7983	0,0959	0,0010							
	24	1,0000	0,8551	0,1368	0,0020							
	25		0,8995	0,1876	0,0036							
	26		0,9328	0,2480	0,0064							
	27		0,9566	0,3166	0,0110							
	28		0,9729	0,3914	0,0179	0,0001						
	29		0,9837	0,4697	0,0283	0,0002						
	30		0,9905	0,5485	0,0430	0,0004						
	31		0,9946	0,6247	0,0632	0,0008						
	32		0,9971	0,6958	0,0899	0,0014						
	33		0,9985	0,7596	0,1239	0,0026						
	34		0,9992	0,8150	0,1656	0,0044						
	35		0,9996	0,8613	0,2151	0,0073						
	36		0,9998	0,8987	0,2717	0,0117	0,0001					
	37		0,9999	0,9280	0,3345	0,0182	0,0001					
	38		1,0000	0,9502	0,4019	0,0276	0,0003					
	39			0,9665	0,4718	0,0405	0,0005					
	40			0,9780	0,5422	0,0578	0,0009					
	41			0,9860	0,6108	0,0804	0,0016					
	42			0,9913	0,6758	0,1089	0,0027	0,0001				
	43			0,9947	0,7355	0,1438	0,0045	0,0002				
	44			0,9969	0,7887	0,1852	0,0072	0,0003				
	45			0,9982	0,8349	0,2332	0,0111	0,0005	0,0001			
	46			0,9990	0,8738	0,2870	0,0169	0,0009	0,0002			
	47			0,9995	0,9056	0,3458	0,0249	0,0016	0,0003			
	48			0,9997	0,9310	0,4083	0,0359	0,0026	0,0005			
	49			0,9998	0,9506	0,4729	0,0506	0,0042	0,0009			
	50			0,9999	0,9655	0,5379	0,0695	0,0067	0,0015			
	51			1,0000	0,9764	0,6017	0,0934	0,0103	0,0025			
	52				0,9843	0,6626	0,1228	0,0154	0,0041			
	53				0,9897	0,7192	0,1579	0,0226	0,0064			
	54				0,9934	0,7707	0,1988	0,0323	0,0097	0,0001		
	55				0,9959	0,8162	0,2455	0,0453	0,0146	0,0002		
	56				0,9975	0,8555	0,2972	0,0621	0,0213	0,0003		
	57				0,9985	0,8885	0,3532	0,0833	0,0305	0,0005		
	58				0,9991	0,9157	0,4123	0,1094	0,0426	0,0008		
	59				0,9995	0,9375	0,4733	0,1409	0,0584	0,0013		

Verteilungsfunktion der Binomialverteilung

p	0,05	0,1	0,15	0,2	0,25	0,3	1/3	0,35	0,40	0,45	0,50
n	k										
200	60				0,9997	0,9546	0,5348	0,1778	0,0783	0,0021		
	61				0,9998	0,9677	0,5953	0,2202	0,1029	0,0034		
	62				0,9999	0,9774	0,6533	0,2677	0,1327	0,0052		
	63				1,0000	0,9846	0,7079	0,3198	0,1677	0,0080	0,0001	
	64					0,9897	0,7579	0,3755	0,2082	0,0119	0,0001	
	65					0,9932	0,8028	0,4338	0,2537	0,0173	0,0002	
	66					0,9956	0,8421	0,4934	0,3039	0,0247	0,0004	
	67					0,9972	0,8758	0,5530	0,3579	0,0346	0,0006	
	68					0,9983	0,9040	0,6113	0,4148	0,0475	0,0010	
	69					0,9990	0,9272	0,6670	0,4734	0,0639	0,0016	
	70					0,9994	0,9458	0,7192	0,5325	0,0844	0,0026	
	71					0,9996	0,9604	0,7670	0,5907	0,1094	0,0040	
	72					0,9998	0,9716	0,8097	0,6469	0,1393	0,0061	
	73					0,9999	0,9800	0,8473	0,6999	0,1742	0,0091	0,0001
	74					0,9999	0,9862	0,8794	0,7489	0,2142	0,0133	0,0001
	75					1,0000	0,9906	0,9065	0,7933	0,2590	0,0191	0,0002
	76						0,9938	0,9287	0,8325	0,3080	0,0270	0,0004
	77						0,9959	0,9466	0,8666	0,3607	0,0373	0,0007
	78						0,9974	0,9607	0,8955	0,4161	0,0505	0,0011
	79						0,9984	0,9716	0,9195	0,4732	0,0673	0,0018
	80						0,9990	0,9799	0,9391	0,5307	0,0881	0,0028
	81						0,9994	0,9860	0,9547	0,5875	0,1132	0,0044
	82						0,9996	0,9904	0,9669	0,6424	0,1431	0,0066
	83						0,9998	0,9936	0,9763	0,6945	0,1779	0,0097
	84						0,9999	0,9958	0,9833	0,7428	0,2175	0,0141
	85						0,9999	0,9973	0,9884	0,7868	0,2617	0,0200
	86						1,0000	0,9983	0,9921	0,8261	0,3101	0,0280
	87							0,9989	0,9948	0,8603	0,3620	0,0384
	88							0,9993	0,9966	0,8897	0,4165	0,0518
	89							0,9996	0,9978	0,9143	0,4726	0,0687
	90							0,9998	0,9986	0,9345	0,5293	0,0895
	91							0,9999	0,9991	0,9508	0,5853	0,1146
	92							0,9999	0,9995	0,9637	0,6396	0,1444
	93							1,0000	0,9997	0,9737	0,6911	0,1790
	94								0,9998	0,9812	0,7392	0,2184
	95								0,9999	0,9869	0,7831	0,2623
	96								0,9999	0,9910	0,8223	0,3104
	97								1,0000	0,9939	0,8567	0,3619

Verteilungsfunktion der Binomialverteilung

p		0,05	0,1	0,15	0,2	0,25	0,3	1/3	0,35	0,40	0,45	0,50
n	k											
200	97									0,9939	0,8567	0,3619
	99									0,9974	0,9113	0,4718
	100									0,9983	0,9319	0,5282
	101									0,9989	0,9486	0,5840
	102									0,9993	0,9619	0,6381
	103									0,9996	0,9722	0,6896
	104									0,9998	0,9801	0,7377
	105									0,9999	0,9860	0,7816
	106									0,9999	0,9903	0,8210
	107									1,0000	0,9934	0,8556
	108										0,9956	0,8854
	109										0,9971	0,9105
	110										0,9982	0,9313
	111										0,9988	0,9482
	112										0,9993	0,9616
	113										0,9996	0,9720
	114										0,9997	0,9800
	115										0,9998	0,9859
	116										0,9999	0,9903
	117										1,0000	0,9934
	118											0,9956
	119											0,9972
	120											0,9982
	121											0,9989
	122											0,9993
	123											0,9996
	124											0,9998
	125											0,9999
	126											0,9999
	127											1,0000

Verteilungsfunktion der Poisson-Verteilung

λ k	0,1	0,2	0,3	0,4	0,5	0,6	0,7	0,8	0,9	λ k
0	0,9048	0,8187	0,7408	0,6703	0,6065	0,5488	0,4966	0,4493	0,4066	0
1	0,9953	0,9825	0,9631	0,9384	0,9098	0,8781	0,8442	0,8088	0,7725	1
2	0,9998	0,9989	0,9964	0,9921	0,9856	0,9769	0,9659	0,9526	0,9371	2
3	1,0000	0,9999	0,9997	0,9992	0,9982	0,9966	0,9942	0,9909	0,9865	3
4	1,0000	1,0000	1,0000	0,9999	0,9998	0,9996	0,9992	0,9986	0,9977	4
5	1,0000	1,0000	1,0000	1,0000	1,0000	1,0000	0,9999	0,9998	0,9997	5
6	1,0000	1,0000	1,0000	1,0000	1,0000	1,0000	1,0000	1,0000	1,0000	6
7	1,0000	1,0000	1,0000	1,0000	1,0000	1,0000	1,0000	1,0000	1,0000	7
8	1,0000	1,0000	1,0000	1,0000	1,0000	1,0000	1,0000	1,0000	1,0000	8

λ k	1	1,1	1,2	1,3	1,4	1,5	1,6	1,7	1,8	λ k
0	0,3679	0,3329	0,3012	0,2725	0,2466	0,2231	0,2019	0,1827	0,1653	0
1	0,7358	0,6990	0,6626	0,6268	0,5918	0,5578	0,5249	0,4932	0,4628	1
2	0,9197	0,9004	0,8795	0,8571	0,8335	0,8088	0,7834	0,7572	0,7306	2
3	0,9810	0,9743	0,9662	0,9569	0,9463	0,9344	0,9212	0,9068	0,8913	3
4	0,9963	0,9946	0,9923	0,9893	0,9857	0,9814	0,9763	0,9704	0,9636	4
5	0,9994	0,9990	0,9985	0,9978	0,9968	0,9955	0,9940	0,9920	0,9896	5
6	0,9999	0,9999	0,9997	0,9996	0,9994	0,9991	0,9987	0,9981	0,9974	6
7	1,0000	1,0000	1,0000	0,9999	0,9999	0,9998	0,9997	0,9996	0,9994	7
8	1,0000	1,0000	1,0000	1,0000	1,0000	1,0000	1,0000	0,9999	0,9999	8
9	1,0000	1,0000	1,0000	1,0000	1,0000	1,0000	1,0000	1,0000	1,0000	9

Verteilungsfunktion der Poisson-Verteilung

λ \ k	1,9	2	2,1	2,2	2,3	2,4	2,5	2,6	2,7	k
0	0,1496	0,1353	0,1225	0,1108	0,1003	0,0907	0,0821	0,0743	0,0672	0
1	0,4337	0,4060	0,3796	0,3546	0,3309	0,3084	0,2873	0,2674	0,2487	1
2	0,7037	0,6767	0,6496	0,6227	0,5960	0,5697	0,5438	0,5184	0,4936	2
3	0,8747	0,8571	0,8386	0,8194	0,7993	0,7787	0,7576	0,7360	0,7141	3
4	0,9559	0,9473	0,9379	0,9275	0,9162	0,9041	0,8912	0,8774	0,8629	4
5	0,9868	0,9834	0,9796	0,9751	0,9700	0,9643	0,9580	0,9510	0,9433	5
6	0,9966	0,9955	0,9941	0,9925	0,9906	0,9884	0,9858	0,9828	0,9794	6
7	0,9992	0,9989	0,9985	0,9980	0,9974	0,9967	0,9958	0,9947	0,9934	7
8	0,9998	0,9998	0,9997	0,9995	0,9994	0,9991	0,9989	0,9985	0,9981	8
9	1,0000	1,0000	0,9999	0,9999	0,9999	0,9998	0,9997	0,9996	0,9995	9
10	1,0000	1,0000	1,0000	1,0000	1,0000	1,0000	0,9999	0,9999	0,9999	10
11	1,0000	1,0000	1,0000	1,0000	1,0000	1,0000	1,0000	1,0000	1,0000	11

λ \ k	2,8	2,9	3	3,1	3,2	3,3	3,4	3,5	3,6	k
0	0,0608	0,0550	0,0498	0,0450	0,0408	0,0369	0,0334	0,0302	0,0273	0
1	0,2311	0,2146	0,1991	0,1847	0,1712	0,1586	0,1468	0,1359	0,1257	1
2	0,4695	0,4460	0,4232	0,4012	0,3799	0,3594	0,3397	0,3208	0,3027	2
3	0,6919	0,6696	0,6472	0,6248	0,6025	0,5803	0,5584	0,5366	0,5152	3
4	0,8477	0,8318	0,8153	0,7982	0,7806	0,7626	0,7442	0,7254	0,7064	4
5	0,9349	0,9258	0,9161	0,9057	0,8946	0,8829	0,8705	0,8576	0,8441	5
6	0,9756	0,9713	0,9665	0,9612	0,9554	0,9490	0,9421	0,9347	0,9267	6
7	0,9919	0,9901	0,9881	0,9858	0,9832	0,9802	0,9769	0,9733	0,9692	7
8	0,9976	0,9969	0,9962	0,9953	0,9943	0,9931	0,9917	0,9901	0,9883	8
9	0,9993	0,9991	0,9989	0,9986	0,9982	0,9978	0,9973	0,9967	0,9960	9
10	0,9998	0,9998	0,9997	0,9996	0,9995	0,9994	0,9992	0,9990	0,9987	10
11	1,0000	0,9999	0,9999	0,9999	0,9999	0,9998	0,9998	0,9997	0,9996	11
12	1,0000	1,0000	1,0000	1,0000	1,0000	1,0000	0,9999	0,9999	0,9999	12
13	1,0000	1,0000	1,0000	1,0000	1,0000	1,0000	1,0000	1,0000	1,0000	13

Verteilungsfunktion der Poisson-Verteilung

λ / k	3,7	3,8	3,9	4	4,1	4,2	4,3	4,4	4,5	λ / k
0	0,0247	0,0224	0,0202	0,0183	0,0166	0,0150	0,0136	0,0123	0,0111	0
1	0,1162	0,1074	0,0992	0,0916	0,0845	0,0780	0,0719	0,0663	0,0611	1
2	0,2854	0,2689	0,2531	0,2381	0,2238	0,2102	0,1974	0,1851	0,1736	2
3	0,4942	0,4735	0,4532	0,4335	0,4142	0,3954	0,3772	0,3594	0,3423	3
4	0,6872	0,6678	0,6484	0,6288	0,6093	0,5898	0,5704	0,5512	0,5321	4
5	0,8301	0,8156	0,8006	0,7851	0,7693	0,7531	0,7367	0,7199	0,7029	5
6	0,9182	0,9091	0,8995	0,8893	0,8786	0,8675	0,8558	0,8436	0,8311	6
7	0,9648	0,9599	0,9546	0,9489	0,9427	0,9361	0,9290	0,9214	0,9134	7
8	0,9863	0,9840	0,9815	0,9786	0,9755	0,9721	0,9683	0,9642	0,9597	8
9	0,9952	0,9942	0,9931	0,9919	0,9905	0,9889	0,9871	0,9851	0,9829	9
10	0,9984	0,9981	0,9977	0,9972	0,9966	0,9959	0,9952	0,9943	0,9933	10
11	0,9995	0,9994	0,9993	0,9991	0,9989	0,9986	0,9983	0,9980	0,9976	11
12	0,9999	0,9998	0,9998	0,9997	0,9997	0,9996	0,9995	0,9993	0,9992	12
13	1,0000	1,0000	0,9999	0,9999	0,9999	0,9999	0,9998	0,9998	0,9997	13
14	1,0000	1,0000	1,0000	1,0000	1,0000	1,0000	1,0000	0,9999	0,9999	14
15	1,0000	1,0000	1,0000	1,0000	1,0000	1,0000	1,0000	1,0000	1,0000	15

λ / k	4,6	4,7	4,8	4,9	5	5,5	6	6,5	7	λ / k
0	0,0101	0,0091	0,0082	0,0074	0,0067	0,0041	0,0025	0,0015	0,0009	0
1	0,0563	0,0518	0,0477	0,0439	0,0404	0,0266	0,0174	0,0113	0,0073	1
2	0,1626	0,1523	0,1425	0,1333	0,1247	0,0884	0,0620	0,0430	0,0296	2
3	0,3257	0,3097	0,2942	0,2793	0,2650	0,2017	0,1512	0,1118	0,0818	3
4	0,5132	0,4946	0,4763	0,4582	0,4405	0,3575	0,2851	0,2237	0,1730	4
5	0,6858	0,6684	0,6510	0,6335	0,6160	0,5289	0,4457	0,3690	0,3007	5
6	0,8180	0,8046	0,7908	0,7767	0,7622	0,6860	0,6063	0,5265	0,4497	6
7	0,9049	0,8960	0,8867	0,8769	0,8666	0,8095	0,7440	0,6728	0,5987	7
8	0,9549	0,9497	0,9442	0,9382	0,9319	0,8944	0,8472	0,7916	0,7291	8
9	0,9805	0,9778	0,9749	0,9717	0,9682	0,9462	0,9161	0,8774	0,8305	9
10	0,9922	0,9910	0,9896	0,9880	0,9863	0,9747	0,9574	0,9332	0,9015	10
11	0,9971	0,9966	0,9960	0,9953	0,9945	0,9890	0,9799	0,9661	0,9467	11
12	0,9990	0,9988	0,9986	0,9983	0,9980	0,9955	0,9912	0,9840	0,9730	12
13	0,9997	0,9996	0,9995	0,9994	0,9993	0,9983	0,9964	0,9929	0,9872	13
14	0,9999	0,9999	0,9999	0,9998	0,9998	0,9994	0,9986	0,9970	0,9943	14
15	1,0000	1,0000	1,0000	0,9999	0,9999	0,9998	0,9995	0,9988	0,9976	15
16	1,0000	1,0000	1,0000	1,0000	1,0000	0,9999	0,9998	0,9996	0,9990	16
17	1,0000	1,0000	1,0000	1,0000	1,0000	1,0000	0,9999	0,9998	0,9996	17
18	1,0000	1,0000	1,0000	1,0000	1,0000	1,0000	1,0000	0,9999	0,9999	18
19	1,0000	1,0000	1,0000	1,0000	1,0000	1,0000	1,0000	1,0000	1,0000	19

Verteilungsfunktion der Poisson-Verteilung

λ k	7,5	8	8,5	9	9,5	10	11	12	13	λ k
0	0,0006	0,0003	0,0002	0,0001	0,0001	0,0000	0,0000	0,0000	0,0000	0
1	0,0047	0,0030	0,0019	0,0012	0,0008	0,0005	0,0002	0,0001	0,0000	1
2	0,0203	0,0138	0,0093	0,0062	0,0042	0,0028	0,0012	0,0005	0,0002	2
3	0,0591	0,0424	0,0301	0,0212	0,0149	0,0103	0,0049	0,0023	0,0011	3
4	0,1321	0,0996	0,0744	0,0550	0,0403	0,0293	0,0151	0,0076	0,0037	4
5	0,2414	0,1912	0,1496	0,1157	0,0885	0,0671	0,0375	0,0203	0,0107	5
6	0,3782	0,3134	0,2562	0,2068	0,1649	0,1301	0,0786	0,0458	0,0259	6
7	0,5246	0,4530	0,3856	0,3239	0,2687	0,2202	0,1432	0,0895	0,0540	7
8	0,6620	0,5925	0,5231	0,4557	0,3918	0,3328	0,2320	0,1550	0,0998	8
9	0,7764	0,7166	0,6530	0,5874	0,5218	0,4579	0,3405	0,2424	0,1658	9
10	0,8622	0,8159	0,7634	0,7060	0,6453	0,5830	0,4599	0,3472	0,2517	10
11	0,9208	0,8881	0,8487	0,8030	0,7520	0,6968	0,5793	0,4616	0,3532	11
12	0,9573	0,9362	0,9091	0,8758	0,8364	0,7916	0,6887	0,5760	0,4631	12
13	0,9784	0,9658	0,9486	0,9261	0,8981	0,8645	0,7813	0,6815	0,5730	13
14	0,9897	0,9827	0,9726	0,9585	0,9400	0,9165	0,8540	0,7720	0,6751	14
15	0,9954	0,9918	0,9862	0,9780	0,9665	0,9513	0,9074	0,8444	0,7636	15

λ k	7,5	8	8,5	9	9,5	10	11	12	13	λ k
16	0,9980	0,9963	0,9934	0,9889	0,9823	0,9730	0,9441	0,8987	0,8355	16
17	0,9992	0,9984	0,9970	0,9947	0,9911	0,9857	0,9678	0,9370	0,8905	17
18	0,9997	0,9993	0,9987	0,9976	0,9957	0,9928	0,9823	0,9626	0,9302	18
19	0,9999	0,9997	0,9995	0,9989	0,9980	0,9965	0,9907	0,9787	0,9573	19
20	1,0000	0,9999	0,9998	0,9996	0,9991	0,9984	0,9953	0,9884	0,9750	20
21	1,0000	1,0000	0,9999	0,9998	0,9996	0,9993	0,9977	0,9939	0,9859	21
22	1,0000	1,0000	1,0000	0,9999	0,9999	0,9997	0,9990	0,9970	0,9924	22
23	1,0000	1,0000	1,0000	1,0000	0,9999	0,9999	0,9995	0,9985	0,9960	23
24	1,0000	1,0000	1,0000	1,0000	1,0000	1,0000	0,9998	0,9993	0,9980	24
25	1,0000	1,0000	1,0000	1,0000	1,0000	1,0000	0,9999	0,9997	0,9990	25
26	1,0000	1,0000	1,0000	1,0000	1,0000	1,0000	1,0000	0,9999	0,9995	26
27	1,0000	1,0000	1,0000	1,0000	1,0000	1,0000	1,0000	0,9999	0,9998	27
28	1,0000	1,0000	1,0000	1,0000	1,0000	1,0000	1,0000	1,0000	0,9999	28
29	1,0000	1,0000	1,0000	1,0000	1,0000	1,0000	1,0000	1,0000	1,0000	29

Verteilungsfunktion der Standardnormalverteilung

x	Φ(x)	x	Φ(x)	x	Φ(x)		Φ(x)	x	Φ(x)	x	Φ(x)
0,00	0,50000	0,38	0,64803	0,76	0,77637	1,14	0,87286	1,52	0,93574	1,90	0,97128
0,01	0,50399	0,39	0,65173	0,77	0,77935	1,15	0,87493	1,53	0,93699	1,91	0,97193
0,02	0,50798	0,40	0,65542	0,78	0,78230	1,16	0,87698	1,54	0,93822	1,92	0,97257
0,03	0,51197	0,41	0,65910	0,79	0,78524	1,17	0,87900	1,55	0,93943	1,93	0,97320
0,04	0,51595	0,42	0,66276	0,80	0,78814	1,18	0,88100	1,56	0,94062	1,94	0,97381
0,05	0,51994	0,43	0,66640	0,81	0,79103	1,19	0,88298	1,57	0,94179	1,95	0,97441
0,06	0,52392	0,44	0,67003	0,82	0,79389	1,20	0,88493	1,58	0,94295	1,96	0,97500
0,07	0,52790	0,45	0,67364	0,83	0,79673	1,21	0,88686	1,59	0,94408	1,97	0,97558
0,08	0,53188	0,46	0,67724	0,84	0,79955	1,22	0,88877	1,60	0,94520	1,98	0,97615
0,09	0,53586	0,47	0,68082	0,85	0,80234	1,23	0,89065	1,61	0,94630	1,99	0,97670
0,10	0,53983	0,48	0,68439	0,86	0,80511	1,24	0,89251	1,62	0,94738	2,00	0,97725
0,11	0,54380	0,49	0,68793	0,87	0,80785	1,25	0,89435	1,63	0,94845	2,01	0,97778
0,12	0,54776	0,50	0,69146	0,88	0,81057	1,26	0,89617	1,64	0,94950	2,02	0,97831
0,13	0,55172	0,51	0,69497	0,89	0,81327	1,27	0,89796	1,65	0,95053	2,03	0,97882
0,14	0,55567	0,52	0,69847	0,90	0,81594	1,28	0,89973	1,66	0,95154	2,04	0,97932
0,15	0,55962	0,53	0,70194	0,91	0,81859	1,29	0,90147	1,67	0,95254	2,05	0,97982
0,16	0,56356	0,54	0,70540	0,92	0,82121	1,30	0,90320	1,68	0,95352	2,06	0,98030
0,17	0,56749	0,55	0,70884	0,93	0,82381	1,31	0,90490	1,69	0,95449	2,07	0,98077
0,18	0,57142	0,56	0,71226	0,94	0,82639	1,32	0,90658	1,70	0,95543	2,08	0,98124
0,19	0,57535	0,57	0,71566	0,95	0,82894	1,33	0,90824	1,71	0,95637	2,09	0,98169
0,20	0,57926	0,58	0,71904	0,96	0,83147	1,34	0,90988	1,72	0,95728	2,10	0,98214
0,21	0,58317	0,59	0,72240	0,97	0,83398	1,35	0,91149	1,73	0,95818	2,11	0,98257
0,22	0,58706	0,60	0,72575	0,98	0,83646	1,36	0,91308	1,74	0,95907	2,12	0,98300
0,23	0,59095	0,61	0,72907	0,99	0,83891	1,37	0,91466	1,75	0,95994	2,13	0,98341
0,24	0,59483	0,62	0,73237	1,00	0,84134	1,38	0,91621	1,76	0,96080	2,14	0,98382
0,25	0,59871	0,63	0,73565	1,01	0,84375	1,39	0,91774	1,77	0,96164	2,15	0,98422
0,26	0,60257	0,64	0,73891	1,02	0,84614	1,40	0,91924	1,78	0,96246	2,16	0,98461
0,27	0,60642	0,65	0,74215	1,03	0,84849	1,41	0,92073	1,79	0,96327	2,17	0,98500
0,28	0,61026	0,66	0,74537	1,04	0,85083	1,42	0,92220	1,80	0,96407	2,18	0,98537
0,29	0,61409	0,67	0,74857	1,05	0,85314	1,43	0,92364	1,81	0,96485	2,19	0,98574
0,30	0,61791	0,68	0,75175	1,06	0,85543	1,44	0,92507	1,82	0,96562	2,20	0,98610
0,31	0,62172	0,69	0,75490	1,07	0,85769	1,45	0,92647	1,83	0,96638	2,21	0,98645
0,32	0,62552	0,70	0,75804	1,08	0,85993	1,46	0,92785	1,84	0,96712	2,22	0,98679
0,33	0,62930	0,71	0,76115	1,09	0,86214	1,47	0,92922	1,85	0,96784	2,23	0,98713
0,34	0,63307	0,72	0,76424	1,10	0,86433	1,48	0,93056	1,86	0,96856	2,24	0,98745
0,35	0,63683	0,73	0,76730	1,11	0,86650	1,49	0,93189	1,87	0,96926	2,25	0,98778
0,36	0,64058	0,74	0,77035	1,12	0,86864	1,50	0,93319	1,88	0,96995	2,26	0,98809
0,37	0,64431	0,75	0,77337	1,13	0,87076	1,51	0,93448	1,89	0,97062	2,27	0,98840

Verteilungsfunktion der Standardnormalverteilung

x	$\Phi(x)$	x	$\Phi(x)$	x	$\Phi(x)$	x	$\Phi(x)$	x	$\Phi(x)$	x	$\Phi(x)$
2,28	0,98870	2,66	0,99609	3,04	0,99882	3,42	0,99969	3,80	0,99993	4,18	0,99999
2,29	0,98899	2,67	0,99621	3,05	0,99886	3,43	0,99970	3,81	0,99993	4,19	0,99999
2,30	0,98928	2,68	0,99632	3,06	0,99889	3,44	0,99971	3,82	0,99993	4,20	0,99999
2,31	0,98956	2,69	0,99643	3,07	0,99893	3,45	0,99972	3,83	0,99994	4,21	0,99999
2,32	0,98983	2,70	0,99653	3,08	0,99896	3,46	0,99973	3,84	0,99994	4,22	0,99999
2,33	0,99010	2,71	0,99664	3,09	0,99900	3,47	0,99974	3,85	0,99994	4,23	0,99999
2,34	0,99036	2,72	0,99674	3,10	0,99903	3,48	0,99975	3,86	0,99994	4,24	0,99999
2,35	0,99061	2,73	0,99683	3,11	0,99906	3,49	0,99976	3,87	0,99995	4,25	0,99999
2,36	0,99086	2,74	0,99693	3,12	0,99910	3,50	0,99977	3,88	0,99995	4,26	0,99999
2,37	0,99111	2,75	0,99702	3,13	0,99913	3,51	0,99978	3,89	0,99995	4,27	0,99999
2,38	0,99134	2,76	0,99711	3,14	0,99916	3,52	0,99978	3,90	0,99995	4,28	0,99999
2,39	0,99158	2,77	0,99720	3,15	0,99918	3,53	0,99979	3,91	0,99995	4,29	0,99999
2,40	0,99180	2,78	0,99728	3,16	0,99921	3,54	0,99980	3,92	0,99996	4,30	0,99999
2,41	0,99202	2,79	0,99736	3,17	0,99924	3,55	0,99981	3,93	0,99996	4,31	0,99999
2,42	0,99224	2,80	0,99744	3,18	0,99926	3,56	0,99981	3,94	0,99996	4,32	0,99999
2,43	0,99245	2,81	0,99752	3,19	0,99929	3,57	0,99982	3,95	0,99996	4,33	0,99999
2,44	0,99266	2,82	0,99760	3,20	0,99931	3,58	0,99983	3,96	0,99996	4,34	0,99999
2,45	0,99286	2,83	0,99767	3,21	0,99934	3,59	0,99983	3,97	0,99996	4,35	0,99999
2,46	0,99305	2,84	0,99774	3,22	0,99936	3,60	0,99984	3,98	0,99997	4,36	0,99999
2,47	0,99324	2,85	0,99781	3,23	0,99938	3,61	0,99985	3,99	0,99997	4,37	0,99999
2,48	0,99343	2,86	0,99788	3,24	0,99940	3,62	0,99985	4,00	0,99997	4,38	0,99999
2,49	0,99361	2,87	0,99795	3,25	0,99942	3,63	0,99986	4,01	0,99997	4,39	0,99999
2,50	0,99379	2,88	0,99801	3,26	0,99944	3,64	0,99986	4,02	0,99997	4,40	0,99999
2,51	0,99396	2,89	0,99807	3,27	0,99946	3,65	0,99987	4,03	0,99997	4,41	0,99999
2,52	0,99413	2,90	0,99813	3,28	0,99948	3,66	0,99987	4,04	0,99997	4,42	1,00000
2,53	0,99430	2,91	0,99819	3,29	0,99950	3,67	0,99988	4,05	0,99997	4,43	1,00000
2,54	0,99446	2,92	0,99825	3,30	0,99952	3,68	0,99988	4,06	0,99998	4,44	1,00000
2,55	0,99461	2,93	0,99831	3,31	0,99953	3,69	0,99989	4,07	0,99998	4,45	1,00000
2,56	0,99477	2,94	0,99836	3,32	0,99955	3,70	0,99989	4,08	0,99998	4,46	1,00000
2,57	0,99492	2,95	0,99841	3,33	0,99957	3,71	0,99990	4,09	0,99998	4,47	1,00000
2,58	0,99506	2,96	0,99846	3,34	0,99958	3,72	0,99990	4,10	0,99998	4,48	1,00000
2,59	0,99520	2,97	0,99851	3,35	0,99960	3,73	0,99990	4,11	0,99998	4,49	1,00000
2,60	0,99534	2,98	0,99856	3,36	0,99961	3,74	0,99991	4,12	0,99998	4,50	1,00000
2,61	0,99547	2,99	0,99861	3,37	0,99962	3,75	0,99991	4,13	0,99998	4,51	1,00000
2,62	0,99560	3,00	0,99865	3,38	0,99964	3,76	0,99992	4,14	0,99998	4,52	1,00000
2,63	0,99573	3,01	0,99869	3,39	0,99965	3,77	0,99992	4,15	0,99998	4,53	1,00000
2,64	0,99585	3,02	0,99874	3,40	0,99966	3,78	0,99992	4,16	0,99998	4,54	1,00000
2,65	0,99598	3,03	0,99878	3,41	0,99968	3,79	0,99992	4,17	0,99998	4,55	1,00000

α-Fraktile der χ²-Verteilung

α \ n	1	2	3	4	5	6	7	8	α
0,005	0,000	0,010	0,072	0,207	0,412	0,676	0,989	1,344	0,005
0,010	0,000	0,020	0,115	0,297	0,554	0,872	1,239	1,647	0,010
0,025	0,001	0,051	0,216	0,484	0,831	1,237	1,690	2,180	0,025
0,050	0,004	0,103	0,352	0,711	1,145	1,635	2,167	2,733	0,050
0,100	0,016	0,211	0,584	1,064	1,610	2,204	2,833	3,490	0,100
0,200	0,064	0,446	1,005	1,649	2,343	3,070	3,822	4,594	0,200
0,250	0,102	0,575	1,213	1,923	2,675	3,455	4,255	5,071	0,250
0,400	0,275	1,022	1,869	2,753	3,656	4,570	5,493	6,423	0,400
0,500	0,455	1,386	2,366	3,357	4,351	5,348	6,346	7,344	0,500
0,600	0,708	1,833	2,946	4,045	5,132	6,211	7,283	8,351	0,600
0,750	1,323	2,773	4,108	5,385	6,626	7,841	9,037	10,219	0,750
0,800	1,642	3,219	4,642	5,989	7,289	8,558	9,803	11,030	0,800
0,900	2,706	4,605	6,251	7,779	9,236	10,645	12,017	13,362	0,900
0,950	3,841	5,991	7,815	9,488	11,070	12,592	14,067	15,507	0,950
0,975	5,024	7,378	9,348	11,143	12,832	14,449	16,013	17,535	0,975
0,990	6,635	9,210	11,345	13,277	15,086	16,812	18,475	20,090	0,990
0,995	7,879	10,597	12,838	14,860	16,750	18,548	20,278	21,955	0,995

α \ n	9	10	11	12	13	14	15	16	α
0,005	1,735	2,156	2,603	3,074	3,565	4,075	4,601	5,142	0,005
0,010	2,088	2,558	3,053	3,571	4,107	4,660	5,229	5,812	0,010
0,025	2,700	3,247	3,816	4,404	5,009	5,629	6,262	6,908	0,025
0,050	3,325	3,940	4,575	5,226	5,892	6,571	7,261	7,962	0,050
0,100	4,168	4,865	5,578	6,304	7,041	7,790	8,547	9,312	0,100
0,200	5,380	6,179	6,989	7,807	8,634	9,467	10,307	11,152	0,200
0,250	5,899	6,737	7,584	8,438	9,299	10,165	11,037	11,912	0,250
0,400	7,357	8,295	9,237	10,182	11,129	12,078	13,030	13,983	0,400
0,500	8,343	9,342	10,341	11,340	12,340	13,339	14,339	15,338	0,500
0,600	9,414	10,473	11,530	12,584	13,636	14,685	15,733	16,780	0,600
0,750	11,389	12,549	13,701	14,845	15,984	17,117	18,245	19,369	0,750
0,800	12,242	13,442	14,631	15,812	16,985	18,151	19,311	20,465	0,800
0,900	14,684	15,987	17,275	18,549	19,812	21,064	22,307	23,542	0,900
0,950	16,919	18,307	19,675	21,026	22,362	23,685	24,996	26,296	0,950
0,975	19,023	20,483	21,920	23,337	24,736	26,119	27,488	28,845	0,975
0,990	21,666	23,209	24,725	26,217	27,688	29,141	30,578	32,000	0,990
0,995	23,589	25,188	26,757	28,300	29,819	31,319	32,801	34,267	0,995

α-Fraktile der χ^2-Verteilung

n / α	17	18	19	20	21	22	23	24	n / α
0,005	5,697	6,265	6,844	7,434	8,034	8,643	9,260	9,886	0,005
0,010	6,408	7,015	7,633	8,260	8,897	9,542	10,196	10,856	0,010
0,025	7,564	8,231	8,907	9,591	10,283	10,982	11,689	12,401	0,025
0,050	8,672	9,390	10,117	10,851	11,591	12,338	13,091	13,848	0,050
0,100	10,085	10,865	11,651	12,443	13,240	14,041	14,848	15,659	0,100
0,200	12,002	12,857	13,716	14,578	15,445	16,314	17,187	18,062	0,200
0,250	12,792	13,675	14,562	15,452	16,344	17,240	18,137	19,037	0,250
0,400	14,937	15,893	16,850	17,809	18,768	19,729	20,690	21,652	0,400
0,500	16,338	17,338	18,338	19,337	20,337	21,337	22,337	23,337	0,500
0,600	17,824	18,868	19,910	20,951	21,992	23,031	24,069	25,106	0,600
0,750	20,489	21,605	22,718	23,828	24,935	26,039	27,141	28,241	0,750
0,800	21,615	22,760	23,900	25,038	26,171	27,301	28,429	29,553	0,800
0,900	24,769	25,989	27,204	28,412	29,615	30,813	32,007	33,196	0,900
0,950	27,587	28,869	30,144	31,410	32,671	33,924	35,172	36,415	0,950
0,975	30,191	31,526	32,852	34,170	35,479	36,781	38,076	39,364	0,975
0,990	33,409	34,805	36,191	37,566	38,932	40,289	41,638	42,980	0,990
0,995	35,718	37,156	38,582	39,997	41,401	42,796	44,181	45,558	0,995

n / α	25	26	27	28	29	30	31	32	n / α
0,005	10,520	11,160	11,808	12,461	13,121	13,787	14,458	15,134	0,005
0,010	11,524	12,198	12,878	13,565	14,256	14,953	15,655	16,362	0,010
0,025	13,120	13,844	14,573	15,308	16,047	16,791	17,539	18,291	0,025
0,050	14,611	15,379	16,151	16,928	17,708	18,493	19,281	20,072	0,050
0,100	16,473	17,292	18,114	18,939	19,768	20,599	21,434	22,271	0,100
0,200	18,940	19,820	20,703	21,588	22,475	23,364	24,255	25,148	0,200
0,250	19,939	20,843	21,749	22,657	23,567	24,478	25,390	26,304	0,250
0,400	22,616	23,579	24,544	25,509	26,475	27,442	28,409	29,376	0,400
0,500	24,337	25,336	26,336	27,336	28,336	29,336	30,336	31,336	0,500
0,600	26,143	27,179	28,214	29,249	30,283	31,316	32,349	33,381	0,600
0,750	29,339	30,435	31,528	32,620	33,711	34,800	35,887	36,973	0,750
0,800	30,675	31,795	32,912	34,027	35,139	36,250	37,359	38,466	0,800
0,900	34,382	35,563	36,741	37,916	39,087	40,256	41,422	42,585	0,900
0,950	37,652	38,885	40,113	41,337	42,557	43,773	44,985	46,194	0,950
0,975	40,646	41,923	43,195	44,461	45,722	46,979	48,232	49,480	0,975
0,990	44,314	45,642	46,963	48,278	49,588	50,892	52,191	53,486	0,990
0,995	46,928	48,290	49,645	50,994	52,335	53,672	55,002	56,328	0,995

α-Fraktile der t-Verteilung mit n Freiheitsgraden

n α	1	2	3	4	5	6	7	8	n α
0,600	0,325	0,289	0,277	0,271	0,267	0,265	0,263	0,262	0,600
0,750	1,000	0,816	0,765	0,741	0,727	0,718	0,711	0,706	0,750
0,800	1,376	1,061	0,978	0,941	0,920	0,906	0,896	0,889	0,800
0,900	3,078	1,886	1,638	1,533	1,476	1,440	1,415	1,397	0,900
0,950	6,314	2,920	2,353	2,132	2,015	1,943	1,895	1,860	0,950
0,975	12,706	4,303	3,182	2,776	2,571	2,447	2,365	2,306	0,975
0,990	31,821	6,965	4,541	3,747	3,365	3,143	2,998	2,896	0,990
0,995	63,656	9,925	5,841	4,604	4,032	3,707	3,499	3,355	0,995

n α	9	10	11	12	13	14	15	16	n α
0,600	0,261	0,260	0,260	0,259	0,259	0,258	0,258	0,258	0,600
0,750	0,703	0,700	0,697	0,695	0,694	0,692	0,691	0,690	0,750
0,800	0,883	0,879	0,876	0,873	0,870	0,868	0,866	0,865	0,800
0,900	1,383	1,372	1,363	1,356	1,350	1,345	1,341	1,337	0,900
0,950	1,833	1,812	1,796	1,782	1,771	1,761	1,753	1,746	0,950
0,975	2,262	2,228	2,201	2,179	2,160	2,145	2,131	2,120	0,975
0,990	2,821	2,764	2,718	2,681	2,650	2,624	2,602	2,583	0,990
0,995	3,250	3,169	3,106	3,055	3,012	2,977	2,947	2,921	0,995

n α	17	18	19	20	21	22	23	24	n α
0,600	0,257	0,257	0,257	0,257	0,257	0,256	0,256	0,256	0,600
0,750	0,689	0,688	0,688	0,687	0,686	0,686	0,685	0,685	0,750
0,800	0,863	0,862	0,861	0,860	0,859	0,858	0,858	0,857	0,800
0,900	1,333	1,330	1,328	1,325	1,323	1,321	1,319	1,318	0,900
0,950	1,740	1,734	1,729	1,725	1,721	1,717	1,714	1,711	0,950
0,975	2,110	2,101	2,093	2,086	2,080	2,074	2,069	2,064	0,975
0,990	2,567	2,552	2,539	2,528	2,518	2,508	2,500	2,492	0,990
0,995	2,898	2,878	2,861	2,845	2,831	2,819	2,807	2,797	0,995

α-Fraktile der t-Verteilung mit n Freiheitsgraden

n / α	25	26	27	28	29	30	31	32	n / α
0,600	0,256	0,256	0,256	0,256	0,256	0,256	0,256	0,255	0,600
0,750	0,684	0,684	0,684	0,683	0,683	0,683	0,682	0,682	0,750
0,800	0,856	0,856	0,855	0,855	0,854	0,854	0,853	0,853	0,800
0,900	1,316	1,315	1,314	1,313	1,311	1,310	1,309	1,309	0,900
0,950	1,708	1,706	1,703	1,701	1,699	1,697	1,696	1,694	0,950
0,975	2,060	2,056	2,052	2,048	2,045	2,042	2,040	2,037	0,975
0,990	2,485	2,479	2,473	2,467	2,462	2,457	2,453	2,449	0,990
0,995	2,787	2,779	2,771	2,763	2,756	2,750	2,744	2,738	0,995

0,95-Fraktile der F-Verteilung mit m und n Freiheitsgraden

m \ n	1	2	3	4	5	6	7	8	n / m
1	161,45	18,51	10,13	7,71	6,61	5,99	5,59	5,32	1
2	199,50	19,00	9,55	6,94	5,79	5,14	4,74	4,46	2
3	215,71	19,16	9,28	6,59	5,41	4,76	4,35	4,07	3
4	224,58	19,25	9,12	6,39	5,19	4,53	4,12	3,84	4
5	230,16	19,30	9,01	6,26	5,05	4,39	3,97	3,69	5
6	233,99	19,33	8,94	6,16	4,95	4,28	3,87	3,58	6
7	236,77	19,35	8,89	6,09	4,88	4,21	3,79	3,50	7
8	238,88	19,37	8,85	6,04	4,82	4,15	3,73	3,44	8
9	240,54	19,38	8,81	6,00	4,77	4,10	3,68	3,39	9
10	241,88	19,40	8,79	5,96	4,74	4,06	3,64	3,35	10
15	245,95	19,43	8,70	5,86	4,62	3,94	3,51	3,22	15
20	248,02	19,45	8,66	5,80	4,56	3,87	3,44	3,15	20
30	250,10	19,46	8,62	5,75	4,50	3,81	3,38	3,08	30
40	251,14	19,47	8,59	5,72	4,46	3,77	3,34	3,04	40
50	251,77	19,48	8,58	5,70	4,44	3,75	3,32	3,02	50
100	253,04	19,49	8,55	5,66	4,41	3,71	3,27	2,97	100

m \ n	9	10	15	20	30	40	50	100	n / m
1	5,12	4,96	4,54	4,35	4,17	4,08	4,03	3,94	1
2	4,26	4,10	3,68	3,49	3,32	3,23	3,18	3,09	2
3	3,86	3,71	3,29	3,10	2,92	2,84	2,79	2,70	3
4	3,63	3,48	3,06	2,87	2,69	2,61	2,56	2,46	4
5	3,48	3,33	2,90	2,71	2,53	2,45	2,40	2,31	5
6	3,37	3,22	2,79	2,60	2,42	2,34	2,29	2,19	6
7	3,29	3,14	2,71	2,51	2,33	2,25	2,20	2,10	7
8	3,23	3,07	2,64	2,45	2,27	2,18	2,13	2,03	8
9	3,18	3,02	2,59	2,39	2,21	2,12	2,07	1,97	9
10	3,14	2,98	2,54	2,35	2,16	2,08	2,03	1,93	10
15	3,01	2,85	2,40	2,20	2,01	1,92	1,87	1,77	15
20	2,94	2,77	2,33	2,12	1,93	1,84	1,78	1,68	20
30	2,86	2,70	2,25	2,04	1,84	1,74	1,69	1,57	30
40	2,83	2,66	2,20	1,99	1,79	1,69	1,63	1,52	40
50	2,80	2,64	2,18	1,97	1,76	1,66	1,60	1,48	50
100	2,76	2,59	2,12	1,91	1,70	1,59	1,52	1,39	100

0,99-Fraktile der F-Verteilung mit m und n Freiheitsgraden

n \ m	1	2	3	4	5	6	7	8	n \ m
1	4052	98,50	34,12	21,20	16,26	13,75	12,25	11,26	1
2	4999	99,00	30,82	18,00	13,27	10,92	9,55	8,65	2
3	5404	99,16	29,46	16,69	12,06	9,78	8,45	7,59	3
4	5624	99,25	28,71	15,98	11,39	9,15	7,85	7,01	4
5	5764	99,30	28,24	15,52	10,97	8,75	7,46	6,63	5
6	5859	99,33	27,91	15,21	10,67	8,47	7,19	6,37	6
7	5928	99,36	27,67	14,98	10,46	8,26	6,99	6,18	7
8	5981	99,38	27,49	14,80	10,29	8,10	6,84	6,03	8
9	6022	99,39	27,34	14,66	10,16	7,98	6,72	5,91	9
10	6056	99,40	27,23	14,55	10,05	7,87	6,62	5,81	10
15	6157	99,43	26,87	14,20	9,72	7,56	6,31	5,52	15
20	6209	99,45	26,69	14,02	9,55	7,40	6,16	5,36	20
30	6260	99,47	26,50	13,84	9,38	7,23	5,99	5,20	30
40	6286	99,48	26,41	13,75	9,29	7,14	5,91	5,12	40
50	6302	99,48	26,35	13,69	9,24	7,09	5,86	5,07	50
100	6334	99,49	26,24	13,58	9,13	6,99	5,75	4,96	100

n \ m	9	10	15	20	30	40	50	100	n \ m
1	10,56	10,04	8,68	8,10	7,56	7,31	7,17	6,90	1
2	8,02	7,56	6,36	5,85	5,39	5,18	5,06	4,82	2
3	6,99	6,55	5,42	4,94	4,51	4,31	4,20	3,98	3
4	6,42	5,99	4,89	4,43	4,02	3,83	3,72	3,51	4
5	6,06	5,64	4,56	4,10	3,70	3,51	3,41	3,21	5
6	5,80	5,39	4,32	3,87	3,47	3,29	3,19	2,99	6
7	5,61	5,20	4,14	3,70	3,30	3,12	3,02	2,82	7
8	5,47	5,06	4,00	3,56	3,17	2,99	2,89	2,69	8
9	5,35	4,94	3,89	3,46	3,07	2,89	2,78	2,59	9
10	5,26	4,85	3,80	3,37	2,98	2,80	2,70	2,50	10
15	4,96	4,56	3,52	3,09	2,70	2,52	2,42	2,22	15
20	4,81	4,41	3,37	2,94	2,55	2,37	2,27	2,07	20
30	4,65	4,25	3,21	2,78	2,39	2,20	2,10	1,89	30
40	4,57	4,17	3,13	2,69	2,30	2,11	2,01	1,80	40
50	4,52	4,12	3,08	2,64	2,25	2,06	1,95	1,74	50
100	4,41	4,01	2,98	2,54	2,13	1,94	1,82	1,60	100

Literaturverzeichnis

Bamberg, G.; Baur, F.: Statistik; München Wien 2001

Barth, F.; Haller, R.: Stochastik Leistungskurs; München 1996

Bohley, P.: Statistik; München Wien 1992

Bourier, G.: Beschreibende Statistik; Wiesbaden 1998

Bourier, G.: Wahrscheinlichkeitsrechnung und schließende Statistik; Wiesbaden 1999

Buchner, R.: Finanzwirtschaftliche Statistik; München 1985

Christoph, G.: Hackel, H.: Starthilfe Stochastik; Stuttgart 2002

Cramer, U.: Statistik für Sie 1 Deskriptive Statistik; München 1976

Cramer, U.; Pehl, K.: Statistik für Sie 3 Induktive Statistik; München 1975

Eckstein, P.: Repetitorium Statistik; Wiesbaden 1995

Hochstädter, D.: Statistische Methodenlehre; Frankfurt/Main 1991

Irle, A.: Wahrscheinlichkeitstheorie und Statistik; Stuttgart 2001

Krengel, U.: Einführung in die Wahrscheinlichkeitstheorie und Statistik; Braunschweig 2002

Kübler, F.: Statistik für Sie 2 Wahrscheinlichkeitsrechnung; München Weinheim 1974

McCollough, C.; Atta, L.: Statistik programmiert, Basel 1974

Mertens; Rässler (Hrsg.): Prognoserechnung; Heidelberg 2005

Pflaumer; Heine; Hartung: Statistik für Wirtschafts- und Sozialwissenschaften; München Wien 1999

Puhani, J.: Statistik Einführung mit praktischen Beispielen, Teil 1; Bamberg 1991

Puhani, J.: Statistik Einführung mit praktischen Beispielen, Teil 2; Bamberg 1986

Rastrigin, L.: Zahl oder Wappen; Moskau Leipzig 1973

Rinne, H.; Specht, K.: Zeitreihen; München 2002

Scharnbacher, K.: Statistik im Betrieb; Wiesbaden 1994

Schirna, J.: Statistische Methoden der VWL und BWL; München 2005

Schlittgen, R.; Streitberg, B.: Zeitreihenanalyse; München Wien 1999

Schulze, P.: Beschreibende Statistik; München Wien 1990

Schwarze, J.: Grundlagen der Statistik I; Herne Berlin 1984

Schwarze, J.: Grundlagen der Statistik II; Herne Berlin 1993

Schwarze, J.: Aufgabensammlung zur Statistik; Herne Berlin 1996

Schwarze, J.: Statistik Grundkurs, Lehrmaterial der Fernuniversität Hagen; Hagen 1984

Spiegel, M.R.: Statistik; Hamburg 1990

Zöfel, P.: Statistik für Wirtschaftswissenschaftler im Klartext; München 2003

Zwerenz, K.: Statistik Datenanalyse mit EXEL und SPSS; München 2000

Deutschland in Zahlen, Köln 2008

Stichwortverzeichnis

www.ingramcontent.com/pod-product-compliance
Lightning Source LLC
Chambersburg PA
CBHW061815210326

41599CB00034B/7010